M. L. Stern

Die Philosophie und die Anthropogenie des Professors Doktors Ernst

Häckel

M. L. Stern

Die Philosophie und die Anthropogenie des Professors Doktors Ernst Häckel

ISBN/EAN: 9783743418172

Hergestellt in Europa, USA, Kanada, Australien, Japan

Cover: Foto ©Thomas Meinert / pixelio.de

Manufactured and distributed by brebook publishing software (www.brebook.com)

M. L. Stern

Die Philosophie und die Anthropogenie des Professors Doktors Ernst Häckel

Die Philosophie

und die

Anthropogenie

des

Prof. Dr. Ernst Haeckel.

Von

Dr. M. L. Stern.

———————

BERLIN.
Verlag von Theobald Grieben.
1879.

Inhalts-Verzeichniss.

Vorwort.

Die Zustimmung, welche wir irgend einer Theorie oder Anschauung gewähren, verliert gewiss nicht an Aufrichtigkeit und Bestimmtheit, wenn wir dieselbe erst auf dem Umwege eingehender Untersuchung und ernstlicher Erwägung zum Ausdrucke bringen.

Stehen wir im gegebenen Falle einer Autorität, einer unser ganzes Wissen weit überragenden Darstellung gegenüber, so ist darum doch noch nicht unbedingt das Gebot bedingungsloser und blinder Anerkennung für uns geltend. Wir sind auch in solchem Falle zum reiflichen Ueberdenken verpflichtet. Alle uns entgegengebrachten Behauptungen und Begründungen müssen auch dann noch unser inneres Denken in der Weise durchdringen, dass wir in der Leitung des wissensreichen und berufenen Autors das ganze Ideensystem wie selbstschöpferisch gestalten.

Bei solchem Selbststudium und Nachdenken im engsten Sinne des Wortes werden sich jedoch je nach Auffassungs- und Denkweise des Studirenden mannigfache Bedenken und Zweifel ergeben, deren Zerstreuung und Lösung nicht immer in dem betreffenden Werke genau vorhergesehen sind, welche demnach unsere ganze Selbständigkeit herausfordern und schliesslich auch die endgiltige Zustimmung in ganz eigenartiger Weise hervortreten lassen.

Die Autorität und das umfangreiche Wissen auf der einen Seite und die Unzulänglichkeit des Wissens unsererseits können uns weder von der Pflicht des selbständigen Nachdenkens entbinden, noch ganz in derselben behindern. Für unsere Befähigung zum Selbsturtheilen hat uns der Autor nämlich durch die Gründlichkeit seiner Darstellung und Aufklärung in erforderlichem Maasse vorzubereiten.

Stern, Philosophie. 1

Hingebung und Würdigung allein können und müssen wir der Autorität mehr als in jedem andern Falle entgegen bringen.

Diese Grundsätze hätten in erster Reihe freilich nur die Bestimmung, in jedem Selbststudium aufs beste beherzigt zu werden und enthielten an und für sich gewiss noch keine Rechtfertigung für das öffentliche Hervortreten mit allen den Erwägungen und Schwankungen, wie sie sich so mannigfach bei dem Einzelnen bis zu dem endgiltigen Abschlusse des Urtheils geltend machten. Wo es sich jedoch darum handelt, vom p h i l o s o p h i - s c h e n Standpunkte zu dem ganzen Werke Stellung zu nehmen, die Consequenzen der in demselben dargelegten Erkenntniss in fernere Beziehungen zu bringen, da darf auch nicht so leicht von dem Ausdrucke dieser selbständigen Erwägungen und des „Wie" der Zustimmung abgesehen werden.

Das, wünschte ich, würde als der Geist betrachtet, von dem die nächstfolgenden Erörterungen auf einem mir fremdartigen Gebiete getragen werden.

Inzwischen ist der Streit zwischen Häckel und Virchow ausgebrochen, der dem Inhalte der vorliegenden Abhandlung eine erhöhte Bedeutung verleiht.

Von der Abfassung dieser Abhandlung bis zur jetzigen Veröffentlichung ist nun mehr als ein Jahr verstrichen. Vor einem Jahre also behauptete ich in dem letzten Kapitel dieser Abhandlung, dass die Entwicklungstheorie, wie sie allgemein aufgefasst wird, unbedingt eine grosse Gegnerschaft hervorrufen muss. Und zwar, so fügte ich bedeutsam hinzu, wird diese Gegnerschaft vorzüglich von Seiten der Intelligenz ausgehen. So hat es sich heute bereits als richtig erwiesen.

Was immer man den Pfaffen, den Religionen, den verschiedenen philosophischen Theorien an Betrug, an Täuschung an Irreführung des menschlichen Geschlechtes vorwerfen mag; im Allgemeinen, so denken Manche, ist die Welt bisher noch nicht betrogen gewesen. Die Welt ist, abgesehen von einzelnen Thorheiten und Greuelscenen in Folge falscher Lehren schliesslich doch noch nie und durch keine Weltanschauung aus einem allgemeinen Wohlbefinden hinausgedrängt worden. Zu allen Zeiten stellte sich noch nach den heftigsten Welterschütterungen bald eine Beruhigung der Gemüther ein.

Man konnte lachen und weinen, fühlen, hoffen und fürchten, man strebte und verzichtete. Heitere Lebensbilder füllen immerhin die Blätter eingehender Geschichtschreibung. Man gönnte sich Genuss und konnte entbehren, man verstand es zu herrschen und sich zu unterwerfen. Man forschte und glaubte, lebte in hohem Selbstbewusstsein und war andererseits wieder bescheiden und anspruchslos. Gefühl und Begeisterung, Nüchternheit und Selbstsucht wechselten in zierlichen Rythmen einander ab. Ein Gefühl der Lebenslust, des Lebenswerthes und selbst des Lebensverlangens weht aus den dichterischen Kundgebungen aller Zeiten.

Der Betrug, so scheinen Viele zu befürchten, droht dem Menschengeschlechte vielmehr erst in heutiger Zeit, durch die Aussercurssetzung des Menschengeschlechtes. Es lässt sich nicht verkennen, dass mancherseits die Befürchtung vorwaltet, dass wir in neuester Zeit erst um alle Lebensideale, um die befruchtende Poesie des Lebens betrogen werden könnten.

Und wäre diese Besorgniss auch gerechtfertigt, so kann von der Wissenschaft doch in keiner Weise eine Berücksichtigung derselben gefordert werden. Giebt es jedoch in Wirklichkeit keinen einzigen Zufluchtsort, wo die bangende Menschheit um den erlösenden Orakelspruch anfragen könnte?

Ich nehme an, dass ich keinem erheblichen Widerspruch begegnen werde, wenn ich hierfür auf die Philosophie verweise.

Die Naturforschung kann durchaus keine Rücksicht auf irgend eine Lebensanschauung nehmen, sie muss sich rücksichtslos in ihren Resultaten bewegen, selbst, füge ich hinzu, wenn die ganze menschliche Gesellschaft darüber in Gefahr käme.

Ob es so ist, ob die Befürchtung gerecht oder übertrieben, wenn nicht gar verlogen ist; welche Weltanschauung nach dem sichern Resultate der Naturforschung die richtige ist, wie nach der neuen Weltanschauung die socialen Verhältnisse entsprechend geordnet werden müssten — darüber kann nur die Philosophie in ernster Beachtung aller Momente ihre Untersuchungen anstellen.

Ich will hier nicht missverstanden werden. Es soll nicht gesagt sein, dass diese Aufgabe nicht von den Naturforschern gelöst werden könnte; ich behauptete nur, dass sie nicht von der Naturforschung gelöst werden kann. Ich behauptete nur, dass die Untersuchung und Lösung dieser Frage nicht Naturforschung, sondern Philosophie sein werde.

Das und Aehnliches habe ich vor 18 Monaten hier nieder-
geschrieben. Es zeigt sich heute, dass ich damit einem richtig
vorhergesehenen Bedürfnisse entsprochen habe. Von diesem
philosophischen Standpunkte sehe ich mich nun veranlasst, hier
noch nachträglich den Streit zwischen Häckel und Virchow zu beleuchten, von diesem Standpunkte aus glaube ich ohne Anmassung
Stellung zu diesem Streite nehmen zu dürfen.

Der Streit aber bewegt sich um drei wichtige Fragen, welche
eine ganze Weltanschauung bedeuten.

I. Die Entwicklungstheorie mit der Frage im Hintergrunde
— teleologische Weltauffassung oder blinde, absichtslose Naturnothwendigkeit.

.II. Menschenseele oder Zellseele.

III. Die Sittlichkeit der thierischen Instincte oder die Sittlichkeit der moralischen Grundsätze.

Was die andere Frage — „freie Wissenschaft und freie
Lehre" — betrifft, so kann ernstlich kein Streit darüber bestehen.
Die Erkenntnisspfade dürfen ein- für allemal und aus gar keiner
Rücksicht gesperrt werden, wenn wir uns nicht selbst die uner-
setzlichsten Verluste beibringen wollen.

Und wenn auch die Socialisten mit vollen Händen Nahrung
aus der Descendenztheorie schöpfen könnten, so wäre diese darum
doch nicht aus solchem Grunde einzuschränken. Hier hätte Häckel
ganz passend erwidern können: Wenn wir es mit der Wahrheit
aus welchen Rücksichten immer nicht ernst nehmen, so werfen
wir ganz einfach die Sittlichkeit zum Fenster hinaus. Es handelt
sich darum immer nur um die Richtigkeit der erwähnten Fragen
selbst, nicht aber um ihre Schädlichkeit oder Nützlichkeit für
die menschliche Gesellschaft.

Was dem Forscher nicht evident erscheint, soll freilich nicht
von ihm als evident gelehrt werden, auch dann nicht, wenn er
sich daraus die schönsten Vortheile für die menschliche Gesellschaft verspricht. Was jedoch dem Forscher als unbezweifelbar
gilt, soll er in der Ueberzeugung lehren, dass das Wahre auch
das Bessere sei. Der Gegner solcher Erkenntniss hat sich demnach immer nur über die Richtigkeit der Erkenntniss selbst
auszusprechen und darf seine Stärke nie in der Gefährlichkeit
derselben suchen. Deshalb sind wir dahin angewiesen, den
Streit nur nach den erwähnten drei Fragen zu beleuchten, ohne

unnöthiger Weise hier noch für die freie Wissenschaft und freie Lehre eine Lanze brechen zu müssen.

Diese drei Fragen haben aber für mich je zwei Seiten. Die erste Frage hinsichtlich der Entwicklungstheorie ist nun meiner persönlichen Meinung nach allerdings bereits zu Gunsten Häckel's entschieden. Was da Häckel zur Behauptung seiner Lehre in die Schranken führt, scheint wenigstens mir vollkommen richtig zu sein. Es ist auch wahr, dass man allenthalben auf den naturwissenschaftlichen Lehrkanzeln diese Lehre bereits eingebürgert findet. Wer den Geist dieser Lehre erfasst hat, wird es sofort aus einigen akademischen Vorträgen heraus haben, dass die Naturwissenschaften im Sinne der Entwicklungstheorie und im Sinne der monistischen Naturauffassung gelehrt werden, auch wenn dies nicht erst ausdrücklich betont und hervorgehoben wird. Wenn beispielsweise ein anatomisches Gebilde welcher Art immer einer nähern und erklärenden Betrachtung unterzogen wird, so spricht die Entwicklungstheorie gleichsam von selbst aus dem Hintergrunde mit. Man betrachte nur einmal eingehend und nach den feinsten Bestandtheilen die Genitalien, so wird man die so auffällige Unterscheidung der beiden Geschlechter in der Zersplitterung auf Rudimente, ungleiche Ausbildung, offenbare Umwandlung u. s. w. fast gänzlich schwinden sehen. Jedes bedeutende Gefäss, jedes Organ weist schon in sich selbst und ohne Hinblick auf die vergleichende Anatomie auf den gewaltigen Factor — Umbildung, Entwicklung hin. Ausserdem will ich hier nur noch die Bemerkung einschalten, inwiefern sich die Entwicklungstheorie wesentlich von anderen Hypothesen, deren wir uns in der Wissenschaft bedienen, unterscheidet. Hinsichtlich anderer Forschungsgebiete, z. B. jener der Lichterscheinungen, setzen wir die Hypothese voraus und suchen auf Grundlage dieser die Erscheinungen zu analysiren. Hier hat umgekehrt die Analyse der Erscheinungen die Theorie ergeben: man könnte diese Theorie noch am passendsten mit dem Systeme des Copernikus vergleichen. Wie dort jedes Stück der heutigen Astronomie gleichsam das System selbst ist, so ist hier jedes Stück der hierher gehörenden Naturerkenntnisse die Entwicklungstheorie selbst.

Was jedoch den Hintergrund dieser Frage anbelangt, so muss ich diesen heute noch als ungemein dunkel bezeichnen. Es ist dies eben jene andere Seite der Frage, von der ich sprach. Die teleologische Frage muss ich noch immer als un-

gelöst betrachten, weil noch immer nicht alle Momente, welche
für diese Frage von Bedeutung sind, mit gehöriger Sorgfalt
untersucht worden sind. Wie ich klar und deutlich zu sehen
glaube, reicht die teleologische Frage noch weit über die Entwicklungstheorie hinaus. Denn dort, wo wir erst durch Analyse
der Erscheinungen zur Bewegung als zu dem ersten Grunde hin-
gelangen, dort strömt es erst von zwei verschiedenen Richtungen
so verworren zusammen, dass vielleicht nur ein beherztes und
tief eindringendes Hineinschauen die Verworrenheit dieses Verhältnisses wissenschaftlich zu durchdringen vermöchte.

— — — — — — — —

Zur zweiten Streitfrage, der psychologischen nämlich, kann
ich wieder nur behaupten, dass alle Gründe, welche Häckel
für seine Seelentheorie vorbringt, vollkommen richtig sind.
Dennoch ist die Theorie selbst durchaus unzureichend. Jene
Gründe sind wohl für die psychologische Frage maassgebend, erschöpfend sind sie jedoch nicht.

Wenn nur diese von Häckel vorgebrachten Anhaltspunkte
für die Seelenfrage geboten wären, dann hätte Häckel unfehlbar die richtigste Seelentheorie aufgestellt. Nun sind aber für
die Seelentheorie noch andere Gründe maassgebend, und die lehren
gerade das Gegentheil von dem, was Häckel lehrte. Was folgt
daraus? Daraus folgt der Streit, wie er seit Jahrtausenden
besteht.

Jeder sieht nur seine Gründe und glaubt in sicherer Erkenntniss dieser, dass es mit den gegnerischen gewiss irgendwie
seinen Haken haben wird. Und der Streit wird so lange dauern,
als diese Methode nicht aufhört.

Die Gründe, die Häckel für seine Theorie vorbringt, sind
offenbar bedeutungsvoll. Der consequente Gedankengang, die
Präcision der Ideen, die scharfe Beurtheilungsgabe, alle die Vor-
züge, die anderweitig diesen berühmten Forscher auszeichnen,
treten auch hier hervor. Was er für seine Seelentheorie vorbringt, kann die Erkenntniss nur fördern, wenn es diese auch
noch nicht vollendet.

Ich wiederhole hier, was ich in dieser Abhandlung gesagt
habe. — Es wird fortan keine Seelentheorie eine richtige ge-
nannt werden können, wenn sie diesen klar auseinandergesetzten
Anforderungen des Monismus nicht vollkommen gerecht geworden ist. Ebenso aber bezeichne ich die Theorie der Zellen-

secle als durchaus unzureichend, weil sie das ureigene Gebiet
der Psychologie ganz ausserhalb der Untersuchung lässt.

Im Ferneren weiss auch ich gleich Häckel nicht recht, was
Virchow damit gesagt haben wollte, als er den Satz aussprach:
„Wenn Bewusstsein nur Bewegung ist, dann werfen wir einfach
die Psyche zum Fenster hinaus." Dennoch habe ich den Muth,
einen fast ähnlichen Satz auszusprechen: Wenn das Bewusst-
sein nur Bewegung nach unsern gewöhnlichen Bewegungs-
begriffen ist, dann werfen wir ganz einfach die Erkenntniss zum
Fenster hinaus. Wenn es aber Bewegung in einem ganz andern
Sinne ist, dann werfen wir den Monismus in dem jetzt bekannten
Sinne zum Fenster hinaus.

Ich frage, was bedeutet überhaupt noch Monismus, Darwinismus, Zellenseeletheorie, und was bedeutet irgend eine andere
Erkenntniss, wenn das Bewusstsein Bewegung im gewöhnlichen
Sinne ist? Ist dann der Dualismus, der Wunderglaube, und
sonst alles Falsche oder Wahre nicht Bewegung? Ist sie vielleicht nicht wahr? Nicht doch — es ist wahr, es ist eine
Bewegung! Oder ist sie vielleicht nicht richtig? sollte sie nach
rechts, nach oben verlaufen, während sie sich links, nach unten
hin vollzieht? Doch, doch, sie ist eine richtige; sie verläuft
ja offenbar nach den thatsächlichen Bedingungen, wie sie für
diese Bewegung gegeben sind. Was immer wir nun denken
mögen, und wäre es noch so unlogisch oder logisch, ist wahr,
weil die Bewegung dieses Denkens thatsächlich ist, ist richtig,
weil sie genau entsprechend den gegebenen Vorbedingungen
verläuft.

Alles ohne Unterschied ist im engsten Sinne des Wortes
Hirngespinnst — nach der Bewegungspsychologie.

Ich weiss sehr wohl von den Anstrengungen, welche die
Bewegungspsychologie macht, um einen Kunstbegriff für die Erkenntniss zu erzielen. Ich weiss aber auch, dass bisher keine
einzige Bemühung dieser Art den erwünschten Erfolg aufzuweisen
hat. Man versuche es nur einmal, ehrlich zu beantworten, was
Erkenntniss, was Wahrheit dem Grundwesen nach ist, und vergesse dabei nicht, dass bei dieser Psychologie alle Regeln der
Logik, alle psychologischen Gesetze, alle Gewohnheitsanschau-
ungen, jeder Dogmatismus, alles Hergebrachte und Entlehnte
ausser Curs gesetzt sind. Fortan weiss ich nicht, was Gewohn-

heit, was Denkgesetz ist; hier kann immer nur von Bewegung
nach bestimmten Vorbedingungen die Rede sein.

Doch wozu wäre es nöthig, hier viel Worte zu machen?
Früher oder später wird der Monismus selbst zur klaren Einsicht
dessen kommen, wie er sich mit seinen Bewegungsbegriffen in
eine Sackgasse verirrt hat, aus welcher heraus er dereinst noch
gerne eine gesunde Psychologie um Hülfe anruft, damit diese
ihn mitsammt der Entwicklungstheorie unbeschädigt hinausleite.

Ich aber habe vom Anfange her ganz andere Ansichten
über die Psyche, darum würdige ich vollkommen die Erkenntnisse und auch die Gründe, welche Häckel zu seiner Seelentheorie führten.

Im Allgemeinen spricht noch aus dieser Seelentheorie viel
zu wenig Zuversicht für die naturwissenschaftlichen Erkenntnisse
heraus. Es kommt mir dabei immer so vor, als ob die Befürchtung herrschte, dass diese Resultate dereinst noch von der
Philosophie in Frage gestellt werden könnten. Deshalb, so
scheint es, wird von der Naturforschung die Seelenfrage schnell-
stens in eigenen Pacht genommen, indem man sie vorzeitig zu
lösen bemüht ist. Ich sagte jedoch in dieser Abhandlung, dass
die Naturforschung zuversichtlich voraussehen möge, dass die
Philosophie, mag sie sich wie immer gestalten, nie befähigt
sein wird, die naturwissenschaftlichen Resultate zu erschüttern.
In solcher Weise wird auch die Psychologie in der Seelenfrage
entweder den naturwissenschaftlichen Anforderungen gerecht
werden müssen, oder überhaupt ihrer Aufgabe nicht entsprechen.

Zunächst würde ich es auch nicht gerne hören, dass es
Häckel mit jener Metapsychose, wie sie so oft in seiner Ent-
gegnungsschrift betont wird, gar zu ernst nimmt. Ich glaube
auch nicht an eine solche Metapsychose. Es ist zuvörderst ein
unheimlicher Gedanke, der alle unsere Erkenntnisse wieder in
Frage stellt und lebhaft an jenen Aberglauben erinnert, wonach
den Müttern ihre neugeborenen Kinder von einem bösen Unholde
mit einem Wechselbalge vertauscht werden.

Es giebt keine Metapsychose im eigentlichen Sinne!

Was immer als das Grundwesen der Psyche gedacht werden
mag, so soll doch jeder Psychologe wissen, dass die Psyche
zunächst nur den Ideencomplex und die Begriffssumme des denken-
den Menschen vorstellt. Die Ideen verbinden sich aber nach bestimmten unabänderlichen Gesetzen. Die Art und Weise wie,

mit welcher Leichtigkeit und Ungestörtheit diese Verbindung, d. h.
das Durchdringen dieser Gesetze stattfindet, hängt von der
jeweiligen Gehirnbeschaffenheit ab — sie bedeutet die Qualität
der Seele. Nun kann es vorkommen, dass durch Gehirnverän-
derung ganze Ideencomplexe abgedrückt oder in den Hintergrund
gedrängt werden; aber auch, dass neue Begriffe und Ideencomplexe in den Gedankenkreis hineinkommen. Dann gestaltet sich
die Ideenverbindung anders, lautet das Urtheil in gewissen
Fragen anders. Gewiss hat auch Häckel nicht Anders als eben
dieses mit seiner Metapsychose gemeint. Wesentlich ist jedoch
eine Meinungsänderung keine Metapsychose, da sie einfach auf
Vermehrung oder Verminderung des Gedankenmaterials zurückgeführt werden kann.

Weiss es denn nicht jeder Psychologe, dass Gedanke den
Gedanken sucht, Begriffe sich selbstthätig zu Begriffen stellen?
Das hier in der psychischen Materie Anziehung und Abstossung
nach unabänderlichen Gesetzen erfolgen? Hat es denn Einer,
der sich je mit der Seelenfrage beschäftigte, versäumt, auch
nur diesen einen aufklärenden Blick auf sein Seelenleben zu
richten? Musste dieser Blick nicht Jeden dahin belehren, dass
abgesehen von dem Grundwesen der Psyche, zuletzt doch nur
die Begriffe selbst sowohl die selbstthätigen Subjecte als auch die
Objecte des Denkens sind?

Alle Menschen haben die gleiche Seele, nur in verschiedenem
Grade reich ausgestattet, in verschiedenem Grade durch die Gehirnbeschaffenheit beengt oder gefördert; wie sollte erst in einer
und derselben Seele eine Metapsychose vorkommen? Warum
könnte nun Virchow seine Grundanschauungen hinsichtlich einzelner Fragen geändert haben? Ich sagte ja, dass die Theorie
der Zellenseele viele und anderweitige Gründe, die nicht in der
Zoologie zu entdecken sind, übersieht. Es gilt ferner als allgemeine Voraussetzung, dass die Entwicklungstheorie mit dieser
oder einer ähnlichen Seelentheorie identificirt werden muss.
Nehmen wir nun an, Virchow hätte eine Fülle von Wahrnehmungen nach jener Richtung gemacht, wie sie der Theorie
der Zellseele widersprechen; nehmen wir an, diese Wahrnehmungen
hätten sich gerade im Anblicke der Naturforscherversammlung,
im Anblicke jener hervorragenden Denker mit dem stärksten
Eindrucke geltend gemacht; so kann es uns durchaus nicht allzu
sehr befremden, wenn diese neuen Ideencomplexe gerade hier

zerreissend zwischen die mit Kunst zusammengehaltenen psychologischen Ansichten eingedrungen wären. Solche Wahrnehmungen
könnten ihn auch sonst irgendwie vielleicht durch Reflexionen
über den Geist des Verfassers der Anthropogenie zuerst an
die Seelentheorie irre gemacht haben, und weil allgemein
die Descendenztheorie mit dieser identificirt wird, konnte sich ja
leicht der Zweifel auch an letztere vergreifen. So oder ähnlich
würde ich die ganze Metapsychose begreiflich finden. Aehnlich
wissen wir von Baer, dass er nie den Eindruck der grossen
Weltzweckmässigkeit verwinden konnte. Es mag nun leicht ge-
kommen sein, dass er bei geschwächter Alterskraft diesem Eindrucke endlich erlag. Galt es ja vor noch nicht gar zu langer
Zeit als ausgemacht, dass man die Weltengrösse und Erhaben-
heit nicht gehörig bewundern könne, wenn man sich nicht
genügend im Studium der Natur unterrichtet hat; während erst
in jüngster Zeit gleichsam das Gesetz aufgestellt wird, dass nur
derjenige wissen kann, wie wenig an dieser Welt zu bewundern
ist, der in eingehender Betrachtung tief in das Wesen der Natur
eingedrungen ist.

  Es erübrigt mir nur, noch zur dritten Streitfrage einige
Bemerkungen zu machen.
  Es ist allenfalls wahr, dass die thierischen Instincte vielfache
Anhaltspunkte für die Entwicklung unserer socialen Verhältnisse
bieten. Es ist auch wahr, dass sich aus der Betrachtung des thierischen Lebens ein werthvolles Material zur sichtlichen Belehrung
des Menschen ergiebt. Dennoch kann nicht entferntestens davon
die Rede sein, die thierischen Instincte als einzige Grundlage und
maassgebende Richtschnur für die Sittlichkeit des menschlichen
Lebens hinzustellen. Ich will gar nicht darauf hinweisen, dass
hier eine solche Menge von Grundsätzen abgeleitet werden könnte,
die vermöge der grossen Verschiedenheit im Leben der Thiere
vielseitig unter sich selbst die ärgsten Gegensätze an den Tag
fördern würden, dass deshalb wieder nur die philosophische
Untersuchung mit Beachtung der psychologischen Eigenschaften
des Menschen die gehörige Auswahl für die specifisch menschliche Sittlichkeit feststellen müsste. Ich will auch nicht besonders hervorheben, dass die rein menschlichen Instincte hier
nicht zur Richtschnur dienen könnten, weil namentlich jeder
geistig begabte Mensch in Befolgung seiner natürlichen Instincte

schon in einem einzigen Jahre sich und viele Andere völlig zu
Grunde richten dürfte. Neid, Rachsucht, Zorn, Wollust und
Herrschgier sind unter allen Umständen und wären auch im Falle
des herrschenden Socialismus und Communismus die ureigentlichen
Instincte des Menschen. Derjenige, der die natürlichen Instincte
predigt und an deren Unbrauchbarkeit nicht glaubt, irrt nur
darum, weil er sie vermöge häuslicher und gesellschaftlicher
Erziehung, wie sie einstweilen noch geboten wird, in ihrer
Nacktheit nicht kennen gelernt hat. Doch alles das will ich
hier nicht mit besonderem Nachdrucke geltend machen; die
Sittlichkeit der Instincte leidet vielmehr an einem Cardinalfehler,
den man leicht als unheilbar erkennt. Das Thier folgt wohl
seinem Instincte; es ist aber auch durch diesen gebunden!!!
Für den Menschen kann in dieser Beziehung durchaus nicht
an die Freiheit gezweifelt werden. Alle Sittlichkeitsbegriffe, die
von den thierischen Instincten abgeleitet werden können, die von
der Klugheit im Allgemeinen geboten erscheinen, ermangeln
der bindenden Kraft in jedem Einzelfalle. Man vergisst es, dass
ausserhalb der Gesetze für das Staatenleben im Grossen, jeder
Mensch psychologisch, und wie der Häckelismus sagt, auch
materiell in sich selbst einen Zellenstaat bildet. Die Sittlichkeitsbegriffe müssen deshalb zuförderst die Kraft und Eigenschaft haben, die Ordnung im innern Staatenleben jedes einzelnen
Menschen herzustellen, die revolutionären Kräfte des innern
Menschen nieder zu halten, ehe an das gesellschaftliche Leben
nach aussen nur gedacht werden kann. Alle gerechten Anforderungen für das staatliche Leben der Menschen, die noch so
überzeugend sein mögen, werden nur zu häufig über den Haufen
geworfen werden, sobald die Revolutionen im Innern der einzelnen
Menschen verheerend darüber hinfahren. Diese werden aber
leicht den Anstoss in der aufgeregten Leidenschaft des grundsatz-
losen, in dem Unglücke des trostlosen Menschen finden. Untersuchen wir nur demgemäss, wie es sich mit der Rechtfertigung
verhält, welche zur Zeit gegen die Anklage vorgebracht wird,
dass die Descendenztheorie den Socialismus fördere.
Merkwürdig erscheint mir da der Satz abgefasst, wie er von
den wärmsten Anhängern der Entwicklungstheorie ausgesprochen
wurde: „Wenn die Socialisten klar denken würden, so müssten
sie alles thun, um die Descendenzlehre zu verheimlichen, da
diese deutlich lehrt, dass die socialistischen Ideen unausführbar

sind!" Der Satz ist vielsagend und hat ein doppeltes Gesicht.
Ich werde eine Seite dieses Gesichtes hervorkehren, in dem ich
den Satz folgender Weise ausspreche: Die Descendenzlehre als
allgemeine Wahrheit vorausgesetzt, dürften die Socialisten nie
die Glücklichen und Zufriedenen für ihre Lehren gewinnen.
Haben sich jedoch die Socialisten je mit dieser Hoffnung ge-
schmeichelt? Die Socialisten sind vielmehr beflissen, alle unzu-
friedenen Elemente anzusammeln, welche sie zur gewaltthätigen
Umwälzung, eventuell zur Gütervertheilung auf dem unschuldigen
Umwege des Güterraubes aufmuntern. Da predigen sie folgende
Grundsätze:

„Jedes Geschöpf auf Erden gilt nur so viel, als es sich
geltend machen kann. Die Erde ist euch allen gegeben, wenn
ihr zuzugreifen versteht. Sehet Jene an, sie gehen wohlgekleidet
umher, essen wohl, bewohnen die herrlichsten Häuser, von euch
erbaut, fahren auf Prachtwagen, an welchen der Schweiss eurer
Arbeit klebt. Ihr schaut mit Neid und Ingrimm auf alle diese
herrlichen Genüsse, die durch den Gegensatz euch nur das We-
nige, was euch geboten ist, doppelt verleiden. Warum dies?
Warum greifet ihr nicht beherzt darnach, was euer Instinct be-
gehrt? Die Schlauen haben sich mit einem Walle nichtssagender
Rechtsbegriffe und inhaltsloser Phrasen umgeben. Erhebet euch
kühn über diese Vorurtheile, dem Stärkeren gehört die Welt. Sie
sagen euch wohl, dass nicht Alle gleich sein können. — —
Wohlan, ihr Thörichten, warum wollet ihr eben mit eurem
Gram und Jammer die Zurückgesetzten bleiben? Es gilt einfach
den Versuch; wir setzen die Theilung durch, wenn es angeht.
Wenn nicht, was steht uns noch zu verlieren? Wie, wenn
schliesslich die Rollen gewechselt erscheinen, wir dann die Besitzenden und Jene arm geworden sind?? Wir wollen dies nicht,
wir begnügen uns mit der Gleichheit Aller, wenn sie möglich
ist, und finden uns in der Traurigkeit unserer heutigen Zustände
auch mit dem wilden Gedanken ab, dass es in längeren oder
kürzeren Perioden von Theilung zu Theilung, von Revolution zu
Revolution bis an's Ende der Welt gehen werde. Man sagt,
darüber muss ja die Welt zu Grunde gehen! O, ihr leicht Be-
thörten, was geht euch in eurem Jammer die Welt an? Seid
ihr etwa berufen, durch euer qualvolles Dulden die Welt zu erhalten? Das sei Sorge des Gottes — wenn er irgendwo existirt
— der seine Freude an der Welt hat. Eure Säuglinge lechzen

an der dürren Mutterbrust, eure Söhne schwingen bei magerer Kost und reichem Schimpfe den schweren Hammer, unheimlich grinsen euch eure finstern, engen Stuben an — und ihr sprechet von Weltgedanken? Lernet von den Thieren des Feldes! Jedes frisst das Gleiche mit dem Andern, oder sie fallen über einander her und verzehren sich selbst; sie theilen die Beute oder sie machen sie einander mit dem Leben streitig."

Was wird nun die Descendenztheorie in heutiger Auffassung gegen diese Lehren vielseitig begründeter Aufregung, wohl ausgedachter Heuchelei und Uebertreibung vorbringen können? Ich suche in dieser ganzen Weltanschauung vergebens auch nur eine einzige Idee, die hier auf den innern Menschen beruhigend und verbessernd wirken könnte. Wie, wenn jener Attentäter, der sich durch die Erklärung zu retten suchte, dass es seine Absicht war, durch den öffentlichen Selbstmord im Angesichte des Kaisers die grosse Volksnoth zu demonstriren, eine ganz andere Erklärung abgegeben hätte? Wie, wenn er geradezu gesagt hätte, dass er dieses elenden Lebens überdrüssig geworden war und nicht früher von der Welt scheiden mochte, als er der Gesellschaft, die er für sein Elend — wohl auch für seine hässliche Krankheit? — verantwortlich mache, noch diesen bösen Streich gespielt habe, weil dieses instinctmässig für ihn die letzte Lust, die beste Befriedigung im Leben gewesen sei?

Was weiss die Descendenztheorie gegen die Befriedigung solchen Gelüstes Wirksames vorzubringen?

Es wird behauptet, dass die Socialisten Grund hätten, die Abstammungslehre zu verleugnen. Auf's Verleugnen aber kommt es ihnen eben nicht an. Verleugnen sie nicht die halbwegs befriedigende Milde der besitzenden Classen, die humanitären Anstalten zum Besten der Armen, die vorzüglich den Armen so liebreich geöffneten Bildungsanstalten? Verleugnen sie nicht in ihren Brandreden, dass die herrschende Classe vor dem Rechte die Niedrigsten wie die Höchsten gleichgestellt hat, dass die Wege des Strebens Jedem in gleicher Weise geöffnet sind? Welche Idee aus der Abstammungslehre wäre nun dahin wirksam, dass die Socialisten nicht die ihnen so gefährlich sein sollende Lehre und sonst noch Vieles absichtlich verleugnen wollten?

Ist das eine Anklage gegen die Descendenzlehre?

Nein, im Gegentheile wäre es mir nie eingefallen, daselbst Schutz für die höhere Sittlichkeit zu suchen. Die Descendenz-

theorie ist Naturwissenschaft und bietet an und für sich ebenso
wenig Anhaltspunkte für die innere Sittlichkeit des Menschen,
als die Chemie oder jedes andere naturwissenschaftliche Fach es
bieten würde. Erst, wenn die philosophische Untersuchung der
Weltanschauung es fertig bringt, in jedem Einzelstaate der einzelnen Menschen den sittlichen Frieden herzustellen, dann wird
es wahr sein, dass die Descendenzlehre dem sittlichen Menschen
deutlich sagen wird, dass der Socialismus unrichtig und somit
Unrecht ist.

Erstes Capitel.

Die Möglichkeit des Darwinismus.

Als ich im Studium der Anthropogenie, der Riesenarbeit langjähriger Beobachtung und emsiger Forschung — der wissenschaftlichen Bearbeitung des massenhaft aufgeschichteten Materials, zugestehen musste, dass es thatsächlich gelungen ist, die starren Formen aller organischen Gebilde in dem ewigen Flusse steter Entwicklung und Veränderlichkeit erscheinen zu lassen, da wurde ich, merkwürdig genug, vorzüglich wieder mit meiner Aufmerksamkeit auf jenen bekannten Ausspruch Linné's hingeleitet, der sich dahin äussert: „So viele giebt es der Arten, als vom Anfange her erschaffen wurden!"

Weltenbannende Sätze dieser Art werden gewiss nicht von Forschern und Beobachtern der Natur so leicht auf blosse Vermuthungen hin ausgesprochen. Ein tiefer, möglich wohl dennoch täuschender Einblick in die reichhaltigen Wechselbeziehungen der Natur, ein gewaltiger, den vollen Geist beherrschender Eindruck musste es allenfalls gewesen sein, dem dieser Ausspruch entfloss.

Was hat nun Linné klar zu sehen vermeint, da er sich zu solcher Behauptung bewogen fand? Zu einer Behauptung, die um so nachdrücklicher wirken muss, da sie keinesfalls als eine blosse Demonstration gegen eine bereits allgemein herrschende Gegenansicht aufgefasst werden darf.

War es die Starrheit und Unabänderlickeit, die sich allenthalben aufdrängte, die ihm aus den tausendjährigen Leben der Thiere und Pflanzen entgegen trat?

Vielleicht! vielleicht auch nicht. Meinerseits wäre ich allenfalls geneigter im Eindrucke der Wandelbarkeit und Veränderlichkeit, wie diese so überzeugend in der Entwicklungstheorie nachgewiesen wurde, einen solchen Ausspruch zu thun.

So viele Veränderlichkeit und doch wieder diese specifische Unfehlbarkeit im Allgemeinen. Auf dem schwankenden Boden der ewig flüssigen Formenbildung wandelt die Artenbildung die Jahrtausende wenigstens hindurch mit einer Sicherheit und Beständigkeit, welche eine die verhältnismässig nur unbedeutende Zahl der Miss- und Abarten weit hinter sich zurücklassende Erwartungscapacität berechtigt. Auf dem schmalen Pfade unbedeutender, weil oft nur schwer zu bestimmender Formendifferenz beschreibt die Gattungs- und Artdifferenz so breitspurig und tiefgefurcht über viele Jahrtausende hinweg, allenthalben ihre sichern, streng vorgezeichneten Linien. Der Darwinismus zeigt uns zur Genüge die Unbeständigkeit aller Formen; die hässlichsten Missgeburten geben in erschreckender Weise Zeugniss von der Unsicherheit und Ablenkbarkeit des Entwicklungsverlaufes. Dennoch erwarten wir, selten getäuscht, dass eben diese Formen in bestimmtester Genauigkeit, oft zart und fein, immer wieder aus diesem so leicht ablenkbaren Verlaufe hervorgehen werden? Sehen wir uns unter solchen Umständen nicht unwillkürlich gezwungen, irgend ein Gesetz vorauszusetzen, das ursprünglich, unwandelbar und einheitlich, mächtig genug ist, allen äusseren Einflüssen bis zu einer gewissen Grenze Stand zu halten, die Art im Wesentlichen stets zu erhalten? Scheint nicht in jeder Thierart eine Wesenheit vorherrschend, die stark genug ist, nebensächliche Veränderungen und Umformungen ohne Beeinträchtigung der wesentlichen Artbeschaffenheit zu ertragen? Wäre aber dann ein solch ausdauerndes Gesetz auf Grundlage zufällig entstandener Formen leicht denkbar? Scheint nicht die Nothwendigkeit eines solchen Gesetzes unwillkürlich jenen Ausspruch zu bestätigen: „So viele sind der Arten, als ursprünglich erschaffen wurden!" So viele sind der Arten, als ursprünglich unabänderliche Gesetze die fest bestimmte Entwicklungslinie über alle äussern Einflüsse hinweg genau und sicher bestimmen!

Nun weiss ich wohl, dass man bei oberflächlicher Beachtung meiner Bemerkungen geneigt sein dürfte, in allen dem wieder nur die bereits bis zum Ueberdrusse angehörte Frage zu erkennen: Warum denn nicht heute noch, wenn die Entwicklungstheorie auf Wahrheit beruht, neue Arten und Gattungen entstehen? Indessen ergiebt es sich bald, dass es sich jetzt nicht so sehr um den Stillstand in der Entwicklung, als um die Möglichkeit der Artenbildung überhaupt handelt. Wir wollten uns schon nach Thunlichkeit mit dem Stillstande in der phylogenetischen Entwicklung zurechtfinden, wenn wir nur vorerst begreifen lernten, wie sich innerhalb der zufällig zusammengeschwemmten Formen, möchte ich sagen, jene Beharrlichkeit behauptet, die so vortrefflich allen den tausendfachen gegenwirkenden Einflüssen Stand hält. Die Ei- und Spermazelle, welche das Substrat der Fortpflanzung bilden, müssen nothwendig als nächste Ursache ihres Vermögens Beschaffenheit und Entwicklungsfähigkeit von den Formen und von der Beschaffenheit des Thieres erhalten. Wenn nun diese Formen selbst so unbeständig und veränderlich sind, wenn diese Formen selbst ihre Beschaffenheit nur den zufälligen Einwirkungen verdanken, wodurch wird es begreiflich, dass all das Zufällige mit Nothwendigkeit den getreuen Ausdruck in dieser Zelle findet? Dass diese Zelle jene Beharrlichkeit und Sicherheit im Verlaufe der ontogenetischen Entwicklung bewahrt? Woher gelangt diese Zelle zu jenem eisernen widerstandsfähigen Vermögen in der Entwicklung, da die Formen, die ihr das Vermögen verleihen sollten, so unbeständig, so wandelbar sind? Die Möglichkeit der Ablenkung in der Entwicklung ist mannigfach gegeben; das bezeugen die vielen Missgeburten. Tausende der feinsten und zartesten Gebilde sollen entstehen; in jedem Einzelnen ist die Möglichkeit eines Fehltretens unbestreitbar: und doch wird alles so fein, so zart, so genau und bestimmt. — Muss da nicht eine merkwürdige Bestimmtheit in der Zelle enthalten sein, die unabänderlich, eisern und widerstandsfähig ist? Und diese würde ihr von Formen, die selbst unbeständig, allen möglichen Abänderungen, allen zufälligen Einflüssen unterworfen wären? Gewiss nicht die Starrheit der Formen, und auch nicht ganz und gar die Beständigkeit der Arten ist es, was uns den Darwinismus so schwierig macht; wohl aber ist es die Unbeständigkeit der ewig und leicht wechselnden Formen gegenüber der Sicherheit und Beständigkeit der ontogenetischen Entwicklung.

Eine der wichtigsten Grundlagen der Entwicklungstheorie ist das Vererbungsprincip! Mit Voraussetzung dieses Principes wird die Durchführung des Darwinismus ungemein leicht und begreiflich. Darum wird auch mit Recht in der Darstellung der Entwicklungstheorie auf dieses Princip die schätzenswertheste Sorgfalt verwendet. Alle Thatsachen, die zur Bekräftigung

dieses Principes beitragen, werden mit grosser Umständlichkeit
auf's Genaueste nach allen Verhältnissen und merkwürdigen
Schwankungen in bestimmte Gesetze geleitet, und so wird die
weitere Durchführung der Entwicklungstheorie bestens vorbereitet.

Wer jedoch auf Wissenschaftlichkeit erpicht ist, wird sofort
erkennen, dass der Darwinismus nicht nur die unleugbare Thatsache der merkwürdigen Vererbung gehörig ausbeuten darf,
sondern dass er auch seinerseits den gebührenden Tribut an diese
Thatsache abtragen muss. Der Darwinismus soll darum nicht
nur zu zeigen haben, wie er mit Voraussetzung des Vererbungsprincipes leicht durchzuführen sei, sondern zugleich auch, wie
mit Voraussetzung des Darwinismus eben diese Vererbungsgesetze
erklärt und begreiflich erscheinen.

Und nun tritt die merkwürdige Erscheinung zu Tage, dass
das Verständniss des Vererbungsprincipes, welches so vortreff-
liche Dienste in der Durchführung der Entwicklungstheorie leistet,
gerade durch diese Theorie erschwert, wenn nicht gar zur Unmöglichkeit gemacht wird.

Der Anthropogenie darf jedoch nicht vorgeworfen werden,
dass sie es versäumt hätte, das Verständniss des Vererbungsprincipes mit bestem Eifer anzubahnen. — Untersuchen wir
zunächst, wie ihr dieses gelungen ist.

Es wird dahin vorzüglich darauf Bedacht genommen, dass
die Vermehrung der Zellen auf dem Wege der Theilung, Ein-
schnürung u. s. w. zu Stande komme. Alle nur möglichen
Arten bedingen offenbar den Uebergang der Beschaffenheit, wie
sie in der Mutterzelle vorhanden ist, auf die Tochterzellen.
Das wäre nun der natürliche Hergang der Vererbung.

An anderer Stelle sieht sich die Anthropogenie wieder veranlasst, die zweckmässige Entwicklung des Embryo zur begriff-
lichen Anschauung zu bringen. Zu dem Ende führt sie einen
recht sinnreichen Vergleich an: So wie bei einer grössern Ansammlung von Menschen eine Arbeitstheilung entstehen würde,
welche sich im Laufe der Zeiten zum förmlichen Staatswesen
heranbildet, so geschähe es auch mit den Zellen bei grösserer
Ansammlung. Demgemäss soll es nicht weiter ausserordentlich
erscheinen, dass sich die Zellen zu Knochen, Nerven, Blutzellen
u. s. w. differenziren.

Somit erscheint ein gut Stück der Vererbung in der Differenzirung wieder aufgehoben. Es muss ja in zweiter, dritter

und vierter Phase gerade auf eine wesentliche Veränderung, auf
die Differenzirung nämlich, vor allem Bedacht genommen werden.

Dringen wir etwas tiefer in das Wesen der Differenzirung
während des Verlaufes der ontogenetischen Entwicklung, so wird
es nur um so schwieriger mit dieser Vererbungspotenz. Es ist
ja durchaus unstatthaft in der Sperma- und Eizelle, wie etwa
in ältester Vorzeit, das spätere Thier unentwickelt bereits vollständig enthalten zu denken. In der Sperma- und Eizelle ist
ursprünglich keine Spur vom werdenden Thiere enthalten; wie
es doch aus denselben hervorgeht, damit hat es seine eigene
Bewandtniss.

Die Zelle hat allererst nur ein gewisses Differenzirungsvermögen. Dadurch entsteht zunächst das erste Differenzirungsproduct, die erste Phase der Entwicklung. Die ursprüngliche
Zelle tritt nunmehr ganz vom Schauplatze zurück, das erste
Differenzirungsproduct gelangt an deren Stelle. Diese wird zunächst Ursache des zweitnächsten Differenzirungsproductes der
zweiten Entwicklungsphase. So geht es fort, von Phase zu
Phase, bis zur Vollendung des Thieres. Die erste Zelle steht
demnach gar nicht in unmittelbarer Verbindung mit dem vollendeten Thiere. Dieses ist zunächst nur das Product der nächst-
letzten Phase, wie diese wieder unmittelbar aus der nächst
früheren hervorgegangen ist. Das ist aber wesentliche Beschaffenheit der Zelle, das von ihr als nächstes Product ein
solches gerade hervorgeht, wie es Ursache des dritten, dieses
des vierten wird u. s. f. bis zum vollendeten Thiere. Thier
und Zelle stehen daher nur in mittelbarer Verbindung.

Ich frage nun, wie soll es nach dem Darwinismus aufgefasst werden, dass eine Veränderung am lebendigen Thiere,
welche beispielsweise der zehnten Entwicklungsphase entspräche,
zur Vererbung komme? Es sei zugestanden, dass die Veränderung des Thieres eine Veränderung der Zelle herbeiführe. Woher
ist es aber ausgemacht, dass diese Veränderung so das erste
Differenzirungsproduct bedinge, wie sich darnach bestimmt das
zweite, dritte u. s. w. so richten muss, dass in der zehnten
gerade jene Form erscheint, wie sie am fertigen Thiere durch
Abänderung hervorgebracht wurde? Man vergesse nicht: das
vollendete Thier ist nicht im entferntesten in der Zelle enthalten, ebenso wenig die zufällig abgeänderte Form. Es kann
nur im Allgemeinen von einer gewissen Abänderung der Zelle

2*

die Rede sein. Dennoch soll es begreiflich werden, dass sie
auf einem weiten, unberechenbaren Wege durch alle zehn Phasen
immer abgeändert, in der zehnten endlich zum Urbilde gelangt.
Man verstehe mich nur recht! Wenn von keiner Abänderung
der Thierformen die Rede wäre, so hätte es mit der Fortpflanzung
gute Wege. Die Zelle gelangte zur Entwicklung des Thieres,
nicht, weil sie von einem solchen Thiere stammt, sondern weil
sie an und für sich von einer solchen Beschaffenheit ist, vermöge der von Phase zu Phase endlich das Thier nothwendig
werden muss. Nun aber stellt sich die Zelle als ganz unbestimmt heraus, da sie mit jeder Abänderung des Thieres wechselt,
und es fehlt der unmittelbare Zusammenhang zwischen Thierform und Zellenform, vermöge dessen die Abänderung in der
so und so vielten Phase zur abgeänderten Thierform wird. Es
ist wohl dennoch so, wie es von den Thatsachen unbezweifelbar
gemacht wird; können wir aber eine Theorie darauf stützen,
so lange uns nicht einmal irgend eine annähernde, wenn auch
nur schematische Vorstellung der Vorgänge vergönnt ist?

Ohne die Voraussetzung des Darwinismus ist wenigstens
die Fortpflanzung einer schematischen Darstellung fähig, mit
dieser Voraussetzung scheinbar unmöglich. Wird der Urbestand
der Arten als Ausgangspunkt angenommen, so ist das Verständniss der Fortpflanzung nach zwei Richtungen wesentlich
erleichtert. Da wird die Zelle vom Anfange her mit solcher
Beschaffenheit und solchem Vermögen ausgerüstet gedacht, dass
ihre Differenzirung von Phase zu Phase endlich dieses bestimmte
Thier erzeugt, von dem sich naturgemäss auch wieder jene Ei-
oder Spermazelle absondert. Da hat man einen unwandelbaren
Kreisgang zu denken, der in der Beschaffenheit der Zelle ursprünglich ist, von dieser geht er aus, zu dieser kehrt er wieder
zurück, um immer von Neuem dieselbe Bahn zu durchlaufen.
Alles kommt so naturgemäss, weil es so ·im Wesen der Zelle
begründet ist, weil sie eben von solch' chemischer und physi-
kalischer Natur ist.

Mit dieser fixen Bestimmung der Zelle wäre aber noch
schöner die Sicherheit der embryonalen Entwicklung erklärt.
Mögen die Verzweigungen noch so verwickelt, die Gebilde noch
so zart, die Beziehungen noch so mannigfach, die Verhältnisse
noch so weitreichend sein; alles wird dennoch mit auffallender
Genauigkeit vollendet werden, da alles Abweichende, jedes

Schwanken, wenigstens hinsichtlich dieser Zelle, ausgeschlossen ist. In dieser Zelle ist nur das eine Vermögen. In dieser Richtung allein kann sie wirksam sein, andere Wege kann sie nicht betreten, weil ihr das Vermögen fehlt. Erst, wenn in dem einen oder andern Falle die äussern Einflüsse allzu heftig einstürmen, dann wird wohl eine Hemmung der Entwicklung, eine Störung, eine Missgeburt, nie aber ein anderes Wesen zu Stande kommen. Denn in der Zelle ist nur ein Vermögen und absolut kein anderes.

Nun wird man freilich nicht versäumen, das ganze Heer der vererblichen Varietäten mit den vielfachen Schwankungen entgegenzustellen. Man wird zugleich bemerkbar machen, dass wir von getrennten Arten auch schon darum nicht gut sprechen können, weil man recht verlegen wäre, die Unterscheidung der Arten begriffsmässig insofern zu analysiren, dass die Verschiedenheit der Varietäten darunter subsumirt werden könnte. Wie es den Anhängern der Entwicklungstheorie nachzuweisen gelungen ist, werden alle Unterscheidungsmerkmale z wischen den Arten von der Verschiedenheit der Varietäten innerhalb der Arten allzu oft überragt.

In letzterer Beziehung ist jedoch noch eine geringe Modification des Artbegriffes erforderlich. Es muss nämlich erstlich bemerkt werden, dass das Unterscheidungsmerkmal der Arten nicht durchgängig sein muss. Wird beispielsweise als Gattungs- oder Artmerkmal hier die Skeletform angenommen, so muss sich die Art nicht von allen anderen Arten eben durch diese Skeletform unterscheiden, und muss auch nicht das Merkmal aller anderen Arten die Skeletform sein. Das wesentliche Merkmal einer andern Art kann wieder nur die Farbe sein, obwohl Farbe bei mancher Art ganz unwesentlich erscheint. Man vergesse nicht, dass wir von getrennten Arten sprechen; da ist es doch offenbar, dass bei einer Art nicht im entferntesten Rücksicht auf die andere genommen werden kann.

Was hat sich denn eigentlich die Katzenart an die Affenart zu kehren? Mit der Annahme der völligen Getrenntheit dieser Arten besteht ja absolut kein Zusammenhang zwischen beiden. Gehen nun beide ihren eigenen Weg ganz beziehungslos, so ist es ebenso gegeben, dass sie ganz von einander abweichen, als dass sie sich mannigfach berühren. Nun können ja zwei verschiedene Arten in allen wesentlichen Merkmalen zufällig fast ganz gleich sein bis auf die Farbe, die aber wesentlich ist. Bei andern zwei mag diese Gleichheit nur von den Verdauungsapparaten eine Unterbrechung erleiden. Noch mehr! Da die Arten ganz ohne Beziehung zu einander sind, so ist es möglich, dass ein Merkmal hier wesentlich, unabänderlich, dort ganz unwesentlich, allen Schwankungen unterworfen ist. Warum sollte auch, frage ich, eine Bestimmung von der einen Art gerade auch auf die andere Bezug haben müssen, wenn diese ausser aller Beziehung stehen? Scheint es ja, als ob man von der Voraussetzung ausginge, es müsse ein ordnungsliebender systematischer Kopf in menschenfreundlichster Absicht die Thiere in Gruppen mit durchgängig unterscheidbaren Merkmalen zum Behufe unseres Studiums eingerichtet haben. Man wird deshalb festhalten müssen, dass die Bestimmung der Arten nicht logisch nach der Unterscheidung allein geltend ist, sondern dass ausschliesslich das Wesentliche und das Unabänderliche für die Bestimmung der Art giltig ist. Jene Eigenschaft, welche in einer Thiergruppe nie variirt, überall auftritt, leitet uns zur Bestimmung der Art, wird als wesentliches Merkmal erkannt, bestimmt den Umfang der Art. Wo dieses Merkmal fehlt, haben wir keine Varietät mehr, sondern eine neue Art vor uns. Dieses Merkmal mag bei anderen Gruppen ebenfalls vorkommen, wenn es aber dort im Verlaufe der Fortpflanzung nur zufällig abänderlich erscheint, so wird diese Gruppe nicht zu unserer Art gerechnet. Man kann darüber nicht lange im Zweifel bleiben. Bei Hunden, Katzen, Pferden, Hühnern u. s. w. erscheint die Farbe so unwesentlich, als man sich's nur denken kann, bei gewissen Schlangenarten, Fischen u. dgl. so unabänderlich, dass man diese unbedingt zu den wesentlichen Merkmalen zählen muss. Nun giebt es für eine Art im Allgemeinen mehrere wesentliche Merkmale, und selbst diese können, ohne den specifischen Charakter zu verlieren, so mannigfach variiren, dass es schwer wird, denselben in allen Varietäten noch zu erkennen. Ein „a" kann bis zur Unkenntlichkeit abgeändert, doch noch die wesentlichen Grundzüge in sich fassen. Kommt noch die Aehnlichkeit anderer Arten mit manchen gleichen wesentlichen Merkmalen hinzu, so wird die Verwirrung und die Schwierigkeit der subjectiven Orientirung trotz objectiver Getrenntheit leicht begreiflich. Nunmehr erklärt sich auch das Missverhältniss zwischen Art- und Varietätsverschiedenheit.

Nehmen wir an, „x" bezeichne die Zahl der wesentlichen Merkmale zwischen zwei Arten, „y" aber die Zahl der möglichen Variationen eben dieser Merkmale, und setzen wir „y" grösser als „x", was wohl, wie wir bereits zeigten, leicht möglich ist, so ergiebt sich der Unterschied der Varietäten innerhalb derselben Art grösser als der Unterschied zwischen den beiden Arten. Nicht die Grösse der Verschiedenheit, sondern deren Beständigkeit bestimmt die Unterscheidung der Arten.

Wenn nun zunächst gefragt würde, wie noch die Möglichkeit der Varietäten überhaupt mit jener Voraussetzung zu vereinen sei, vermöge welcher in der Sperma- und Eizelle das Vermögen nur zu der einzigen in allen Einzelheiten genau bestimmten Thierform gedacht werden muss; dann müsste man sich allerdings noch zu einer weiteren Bestimmung dieser Zellenbeschaffenheit genöthigt sehen.

Man wird sofort einsehen, dass man, entsprechend den gegebenen Thatsachen, jene Zelle nur insofern mit einem bestimmten Entwicklungsvermögen ausgestattet denken müsse, als es bezüglich der Wesenheit der Art geboten scheint. Dieses Bestimmte ist als Kraft zu setzen, die äuseren Einflüssen gegenüber vollkommen widerstandsfähig ist. In allen anderen Beziehungen aber herrscht eine Unbestimmtheit, vermöge welcher allen möglichen Zufälligkeiten und somit allen Variationen freier Spielraum geboten ist. Die Sicherheit und bestätigte Erwartungscapacität bei so feinen Gebilden, sagten wir, erfordern unbedingt eine absolute Bestimmtheit der Zelle. Nun denn, soweit es auf das Verhältnissmässige und Wesentliche dieser Gebilde Bezug hat, herrscht wohl diese Bestimmtheit; insofern aber Grössen- und Formvariationen innerhalb derselben Verhältnisse und ebenso unwesentliche Variationen möglich sind, da denken wir die Entwicklungskraft indifferent. Im Indifferenten sind die äusseren Einflüsse bestimmend, die nach den zufälligen Umständen wechseln, und die trotz des gebundenen Verlaufes sich noch immer auf ein solch bedeutendes Gebiet erstrecken können, dass die Reichhaltigkeit der vorhandenen Varietäten dadurch vollkommen gedeckt erscheint.

Nunmehr die Vererblichkeit der Varietäten! Was diesen Vererbungsfall betrifft, könnte man mit etwas Kühnheit denselben vielleicht ganz in Abrede stellen.

Wir constatiren wohl die Thatsache, dass die Varietäten

sich ebenso fortpflanzen, wie die Arten; doch ich will behutsam
sein, sehen wir diese Vererbung nicht viel öfter schwanken?
Müssen wir nicht zugestehen, dass klimatische Verhältnisse,
Lebensweise, Züchtung und sonstige zufällige wie künstliche Einwirkungen die Varietät gründlich verlöschen und abändern? Gerathen nicht viele Hausthiere, wenn sie zum wildlebenden Zustande zurückgeführt werden, zu jener veränderten Form, in
welcher sie sich im ursprünglichen wilden Zustande befunden
haben? Wohl, das ist der Atavismus! sagt man. Ja wohl,
wenn wir vom Darwinismus und unbegreiflichen, weil unerklärten Vererbungsgesetzen ausgehen. Für den gegenwärtigen
Standpunkt wird man sich jedoch dahin bescheiden müssen, das
Entstehen der Varietäten auf zufällige Einwirkungen von Aussen,
und deren Fortpflanzung wird man eben wieder nur auf das
zufällige Zutreffen derselben Einwirkungen zurückzuführen haben.
Man wird mir freilich entgegnen, dass hier der Zufall mit zu
vieler Regelmässigkeit Einfluss nähme, dass dem Zufalle nicht
so leichthin eine Beständigkeit zuerkannt werden könne, wie sie
sich in der vererblichen Fortpflanzung der Varietäten manifestirt.
So will ich mir eine kurze Richtigstellung dieses Zufallsbegriffes
gestatten. Zufall benennen wir hier ein Verhältniss, welches
sich jeder möglichen Berechnung entzieht. Es ist nur zufällig,
dass alle Soldaten eines ausgezeichneten Jägerregimentes mit
nur wenigen Ausnahmen ein ziemlich entferntes und geringes
Zielobject genau treffen, da alle gegebenen Vorbedingungen noch
nicht die Nothwendigkeit herstellen. Unwahrscheinlich und allzusehr überraschend ist die Erscheinung nicht; da diese Zufälligkeit durch die obwaltenden Umstände recht nahe gelegt
ist. Ebenso entsteht zufällig eine Varietät! wodurch? durch
klimatische Verhältnisse, Lebensweise, Züchtung, Zeugungskraft
u. s. w. Nun denn, muss uns dann der Zufall so absonderlich
erscheinen, dass die gleichen bedingenden Ursachen fort und
fort noch bei den entferntesten Geschlechtern der Varietät bestehen und gleiche Resultate hervorbringen? Liessen sich denn
nicht genug der Beispiele anführen, wie durch äusserliche Veränderungen die Varietäten wechseln? Ich kenne zwar Thiere,
die sich in den entferntesten Zonen bei verschiedenartigster
Lebensweise in gleicher Varietät fortpflanzen. Dann aber werden
wohl Klima und Lebensweise allein nicht die bedingende Ursache der Varietät sein; sie konnte im Zeugungsacte oder sonst

wo gegeben sein. Auszuweichen hätte man nur der Annahme, dass die Form des Thieres, welche die zehnte Entwicklungsphase betrifft, · nehme ich an, so die Sperma- und Eizelle beeinflussen würde, dass sie eben in der zehnten Phase dem Urbilde getreu erschiene. Nein, wenn auch die abgeänderte Form eine Abänderung der Sperma- und Eizelle nach sich ziehen mag, so ist doch nicht abzusehen, warum die so abgeänderte Zelle gerade jene Abänderung der Thierform getreu wiederspiegeln müsse. In der Zelle ist ja nicht die Form des Thieres vom Anfange her prägnirt, da diese bloss ursprünglich mit der Beschaffenheit ausgestattet ist, von Differenzirungsphase zu Phase das Thier in letzter Phase zu entwickeln. Darum sage ich, dass durch äussere Einflüsse die Abänderung geschah, und dass nur der Fortbestand jener Einflüsse, nicht aber die abgeänderte Form Ursache der gleichartigen Fortpflanzung sein könnte.

Man wird mir die zahlreichen Fälle entgegen halten, in welchen die Abänderung gar nicht während des embryonalen Entwicklungsverlaufes, sondern am fertigen Thiere entstand und sich dennoch vererblich zeigte. Viele Krankheiten geben dafür ebenso viele Beispiele ab.

Auch da jedoch muss man noch immer nicht allzusehr in Verlegenheit gerathen. Man kann ja schliesslich zugestehen, dass durch solche Krankheiten die Sperma- oder Eizelle irgendwie eine Schwächung erlitt, vermöge welcher nur zufällig gewisse Organe, z. B. Lunge oder Gehirn, im geschwächten Zustande entwickelt würden. Wohl gemerkt, nur zufällig, d. h. nicht weil überhaupt abgeänderte Formen nothwendig die Abänderung der Zelle so bedingen, dass diese Abänderung wieder nur die gleiche Form in der Entwicklung nach sich zöge; sondern weil zufällig diese Schwäche eine solche Schwächung der Zelle bewirkte, vermöge welcher jene Organe geschwächt entwickelt wurden. Zufällig kann wohl manche Abänderung des Thieres die gleiche Abänderung in der embryonalen Entwicklung nach sich ziehen, ohne dass damit der nothwendige und unerklärliche Zusammenhang zwischen beiden angenommen werden müsste.

Im Interesse zweckmässiger Entgegenwirkung sollte man jedoch auch bezüglich vererblicher Krankheiten den Einfluss äusserer Einwirkung klugerweise noch einräumen mögen. Wird mit der üblichen Auffassung der Vererbungserscheinungen die

erbliche Fortpflanzung von Gebrechen und Fehlern ausnahmslos
aus der innern Beschaffenheit des Individuums hergeleitet, so
wird man sicher nicht ernstlich nach Mitteln gegen das unaus-
weichbare Naturgesetz forschen.

Wird jedoch die Erblichkeit zum grossen Theile auch von
äusseren Umständen abhängig gedacht, so dürfte eine diesbezügliche Erforschung manch geeignetes Auskunftsmittel entdecken, um
solche Uebel, buchstäblich genommen, schon im Keime zu ersticken.
Wie vielfältig der Zufall hier auch mitspielt, lässt sich zur Genüge
in den gegebenen Erscheinungen nachweisen. Der eine taube
Vater kann diesbezüglich sechserlei geartete Kinder haben. Gewiss, was der Zelle ureigene Beschaffenheit ist, wird nicht variiren. Die wesentlichen Merkmale der Menschenart werden
unbedingt, unwandelbar und mit Sicherheit vererbt, nur wo die
Zellenkraft indifferent ist, bezüglich der Farbe, Grösse, Taubheit
und anderer Krankheit erscheinen Schwankungen aller Art, ohne
jedwede Erwartungscapacität! — So schwankend sollten sich
folgerichtig alle einzelnen wesentlichen oder unwesent-
lichen Thier- und Menschenformen in der Fortpflanzung zeigen,
wenn sie nach dem Darwinismus alle nur von der ähnlichen
sogenannten Vererbung herstammen.

Man wird mir die merkwürdige Thatsache entgegenhalten,
dass die Vererbung so oft mit Uebergehung des nächsten Geschlechtes erst im dritten, ja vierten Geschlechte zum Ausdrucke
gelangt.

Es muss jedoch diesbezüglich allererst bemerkt werden, dass
der Fall nicht als Regel und allgemeingiltiges Gesetz, sondern
eben nur als Möglichkeitsfall betrachtet werden muss. In der
Regel vererben sich die Eigenthümlichkeiten der Eltern häufiger
auf die Kinder, als auf die Enkel. Ein Blick in die Welt hinaus belehrt uns schon, dass wir weit öfter die Kinder an den
Eltern und Geschwistern als an den Grosseltern erkennen. Was
wir an berühmten Enkeln berühmter Grosseltern zu verzeichnen
haben, fällt diesbezüglich aus mannigfachen Gründen nicht schwer
in die Waagschale unserer Beurtheilung. Man könnte auf einen
Querkopf gerathen, der durchaus zwischen Mendelssohn-Gross-
vater und Mendelssohn-Enkel keinen engeren Zusammenhang als
den zwischen Cartesius und Spinoza zugestehen wollte. In Bezug auf Vererblichkeit von Krankheiten findet man das Verhältniss etwas auffälliger bestätigt; jedoch immer noch bestens mit

dem Hinweise auf solche Einwirkungen erklärt, die naturgemäss für Grosseltern und Enkel geltend, und in Beziehung
auf das Zwischengeschlecht gehemmt oder auch paralysirt wurden.
Wer möchte auch die gewissenhafte Controle über alle hier in
Rechnung kommenden Einflüsse und Wechselwirkungen übernehmen und derselben auch pünktlich gerecht werden? wer ver-
stünde es da, für jeden Einzelfall stets auf das Maassgebende
hinzuweisen?

Die Metamorphose der Insecten, welche allgemein zu diesem
eben besprochenen Vererbungsfalle gezählt wird, muss entschieden,
und ich füge noch hinzu, sogar endgiltig von ganz anderem
Gesichtspunkte aus aufgefasst werden. Hier hat man es nur
mit verschiedenen Entwicklungsphasen, nicht aber mit über-
springenden Vererbungsverhältnissen zu thun. Wie die Eizelle
im nächsten Differenzirungsprocesse zu den Keimblättern sich
gestaltet, diese von solcher Gestalt und Beschaffenheit sind, dass
darin das Vermögen herrscht, sich zur Bildung des Darmcanales
zu differenziren, von da zur Bildung des Medularrohres, des
Rückenmarkes u. s. w.; so hat das Insectenei ursprünglich nur
das Vermögen sich zur Raupe zu differenziren, die von einer
Beschaffenheit ist, · dass ihr nächstes Differenzirungsproduct die
Puppe, von dem das nächste wieder der Schmetterling ist. Von
dem Schmetterlinge aber kann sich im Kreisgange wieder eine
ganz gleiche Eizelle absondern. So ist es ursprüngliche Beschaffenheit dieser Zelle ohne irgend welches Vererbungsver-
hältniss.

Mit solchen Voraussetzungen wäre aber auch die Stellung
der Theorie gegenüber den fortpflanzungsfähigen Bastarden äusserst
günstig. Die mannigfachen Erscheinungen, die hier zu Tage
treten, fänden sogar in allen Einzelheiten eine vollkommen zu-
treffende Erklärung. Wir gingen von dem Grundsatze aus, dass
mit den Samenzellen die Entwicklungsphasen vom Anfange her
genau und zwar nur in einer einzigen Differenzirungslinie vorgezeichnet sind. Kommen jetzt verschiedenartige Zellen durch
Vermischung zweier Thierarten in Combination, so lässt sich
annehmen, dass die in beiden gegebenen Differenzirungslinien
sich gegenseitig paralysiren, schwächen oder verstärken — wonach sich eben fortpflanzungsfähige oder unfähige Bastard-
arten ergeben würden.

Die Vorgänge begriffen sich ähnlich wie bei der Combination

zweier Lichtstrahlen. Je nachdem sich da Wellenberge und
Wellenthäler des einen Lichtstrahles zu denen des andern verhalten, constatiren wir — Lichtverstärkung, Schwächung oder
völlige Verdunklung. Bei kluger Benutzung dieser Verhältnisse
fände sich hier jener berühmte Ausspruch des Linné erst recht
bestätigt; denn wohl gäbe es hier neu entstandene Arten zu
verzeichnen, zugleich aber auch neu erschaffene! Man müsste
sich nur, wie leicht einzusehen ist, über diesen Anfang sowohl,
als über den Schöpfungsbegriff überhaupt verständigen. Denn
diese Combination zweier getrennten Arten zur Entstehung einer
neuen Art lässt sich wohl im Gegensatze zu unserem Entwicklungs-
begriffe als neue Schöpfung betrachten.

Im Allgemeinen weiss ich wohl, wie absurd bei allen dem
dennoch auch nur der Versuch erscheinen muss, das Vererbungsprincip in seiner Wesentlichkeit ganz negiren zu wollen. Gewiss
dürfte Demjenigen, der dies doch ernstlich in Angriff nähme,
diesbezüglich die ausreichende Entgegnung auf alle thatsächlichen
Fälle, die ihm vorgebracht würden, recht schwer werden. Was
nützen jedoch die schönen Beweise für dieses Princip, was alle
Durchführbarkeit des Darwinismus auf Grundlage dieses Principes,
wenn, wie gezeigt wurde, gerade der Darwinismus das Verständniss dieser Verhältnisse so vielseitig erschwert?

Zur Constatirung der merkwürdigen Vererbungsverhältnisse
erzählt uns ein Naturforscher einen kleinen Roman: Da hätte
es einem schönen Manne mit blondem Haupt- und Barthaare
geglückt, das Herz, wie sich von selbst versteht, einer noch
schöneren Blondine zu erobern. Zu dieser Eroberung sollen
nach verbürgter Ueberlieferung nicht wenig die tief in's Gemüth
dringenden Lieder beigetragen haben, welche der schöne Blonde
im sympathischsten Bass zum Ausdruck bringen konnte. Zur
Vollendung des Glückes ward der glückliche Bund der Lieben-
den mit einem seelenvollen Liebespfande in der Gestalt eines
reizenden Mädchens gesegnet. Dieses wuchs in wenigen Jahren
zur allerschönsten Jungfrau mit einem Rabenschwarz von
Locken heran und es stand deren Gesang dem Gesange der
Nachtigall an Lieblichkeit und Helle nicht nach.

Was Wunder, dass nun ein schwarzlockiger und schwarz-
bärtiger Jüngling sich an die Eroberung dieser blühenden Schönheit wagte und diese auch durchsetzte; zumal auch er seine Liebes-
schwüre im glockenhellsten Tenor vorbringen konnte. Und nun

kommt die fast unglaubliche, dennoch aber völlig verbürgte Wahrheit. — Ein Knäblein entspross der Ehe, das in wenigen Jahren mit blonden Locken und blondem Vollbarte einherstolziren konnte. Eine Stimme aber war ihm eigen, die im Gesange so voll, so tief, wie diejenige seines seligen Grossvaters alle Hörer erschütterte. Alle Welt, so fügt unser Chronist hinzu, staunte über die merkwürdigen Launen der Natur, nicht aber die Wissenschaft, welche das Vererbungsgesetz kennt. Ja, was man so Wissenschaft nennen mag! Doch nicht ein blosses Register der gegebenen Thatsachen. Die Wissenschaft kann aber füglich erst dann von einem Verständniss sprechen, wenn es ihr gelingt, die Erscheinung auf die obwaltenden Verhältnisse und auf die einwirkenden Ursachen der allgemeinen Naturkräfte zurückzuführen; ähnlich wie es ihr gelingt, die Gleichheit des Einfalls- und Reflexionswinkels beim Lichtstrahle gewissermaassen zu construiren. In unserem Falle hätte also der Chronist passend sagen dürfen, dass die allgemeine Welt nur darüber staunte, dass sich ein Fall beim Enkel ereignete, welchen sie beim Kinde sehr wohl zu begreifen meint, während die Wissenschaft auch über den gleichen Fall beim Kinde noch nicht recht im Klaren ist. Denn der Laie hält es dafür, dass der ganze Mensch in Sperma- und Eizelle gleichsam in Miniatur prägnirt sei, während die Wissenschaft nur die Entwicklung von Phase zu Phase aus dieser Zelle begreift.

Indessen wird man mir nicht zumuthen dürfen, dass ich mit dem Vorhergehenden die Unmöglichkeit und Unfruchtbarkeit des Darwinismus zu erweisen hoffte. An der Unmöglichkeit wird auch so leicht eine Theorie nicht scheitern, weil die geistreichste Widerlegung derselben bestens nur die nicht minder geistreichen Gegenbemerkungen provociren könnte. Zeichnet sich ja der Darwinismus vorzüglich durch eine geistreiche Durchführbarkeit aus, an der alle Unmöglichkeit zu Schanden wird. Da, wo es gelungen ist, in den Flossen der Fische die Uranfänge unserer wohlgebildeten Menschenhände nachzuweisen, wird man sich nicht leicht ohne Gefahr in einen Unmöglichkeitsbeweis einlassen dürfen. Im Gegentheile hat sich meine Zurückhaltung erst durch das allzu gute Gelingen ergeben. Weil ihm so viel gelungen ist, musste ich im ersten Anschauen vorerst an Allem zweifeln.

Und so ward meine Bemühung darauf hingerichtet, der
Schwierigkeit der Entwicklungstheorie nach den zwei erörterten
Richtungen zu begegnen. Erstens muss nun angestrebt werden,
ein Substrat anzugeben, für jene Beständigkeit und Widerstandsfähigkeit, wie sie unserer Erwartungscapacität in der embryonalen
Entwicklung entspricht. Bei der gewöhnlichen Auffassung ist
in der Zelle jenes ausdauernde und unabänderliche Substrat nicht
gegeben, weil sie von Formen abhängig ist, welche sich wandelbar unbeständig und allen Einflüssen unterworfen zeigen.

Zweitens ist es uns dringend geboten, wenn auch nur begriffsmässig und schematisch, das Vererbungsgesetz insofern zu
analysiren, dass dadurch eines der merkwürdigsten Erscheinungs-
gesetze begreiflich würde. Es lautet: „Jede Abänderung
der Thierform bedingt die Abänderung der Fort-
pflanzungszellen in der Weise, dass sie in der
Entwicklung jene Thierform, von der sie die Abänderung erlitt, getreulich wieder hervorbringe."
Hier ist unbedingt eine, wenn auch nur schematische und vor-
stellbare Analyse des Vererbungsgesetzes, wie sie dem Darwinismus entspricht, erforderlich.

Ich habe zur Genüge erwiesen, dass bei Voraussetzung der
Entwicklungstheorie, also der Annahme ewiger Wandelbarkeit
der Formen es allererst dringend erscheint, ein Substrat für
die Beharrlichkeit und Widerstandsfähigkeit in der Entwicklung
anzunehmen. Die Bestimmung dieses Substrats muss erklären,
wie die zarten und beziehungsreichen Gebilde mit jener staunens-
werthen Sicherheit zur Entwicklung gelangen, trotzdem die häufigen
Missgeburten nur allzu sehr die vielen entgegenwirkenden Einflüsse vollkommen beweisen.

Die Samenzelle im Allgemeinen kann das Substrat dieser
widerstandsfähigen Kraft nicht abgeben. In derselben zeigt sich
durchaus kein bindender Zug, der unaufhaltsam zur Bildung jener
mannigfachen und feinen Organe hindrängte. Nach den zufälligen Bedingungen waren es Trochäen, die den Umständen
angemessen, Kiemen oder Lungen wurden. Wir dürfen der Zelle
an und für sich nur ein gewisses Differenzirungsvermögen zu-

sprechen, das völlig in's Unbestimmte verlaufen kann. Vermöge
der Differenzirungspotenz der thierischen Zelle an und für sich
ist ein Infusorienthierchen, ein Wurm, ein Insect, ein Fisch,
eine Kröte, ein Rind, ein Affe u. s. w. möglich. Aus solchem
Zellenbegriffe vermag man gewiss nicht jene Sicherheit abzuleiten, die auf den schmalsten Pfaden in unzählbaren Windungen
und Verzweigungen, wo der mindeste Fehltritt die abscheulichste
Missgeburt zur Folge hat, dennoch unbeirrt von den vielen
Gegenwirkungen die bestimmte Entwicklung vollführt. So wollen
wir auch diese alles überwältigende Vererbungskraft nicht ferner
in die Samenzelle an und für sich, sondern in die bestimmte Zelle des betreffenden Thieres versetzen.
Das hat nach dem Darwinismus wieder seine Schwierigkeit.
Denn die Formen dieses Thieres sind nur zufällig entstanden,
sind immer noch wandelbar und allen fremden Einflüssen unterworfen; wie soll von eben diesen Formen der Zelle für diese
Formen jene Beharrlichkeit und Widerstandsfähigkeit verliehen
werden?

In solcher Verlegenheit, glaube ich, wird der Darwinismus
doch wieder zur Zelle im Allgemeinen zurückkommen müssen,
um da das Substrat jener unwandelbaren Vererbungspotenz zu
suchen. Man wird jedoch gezwungen sein, dieser Zelle noch
eine gewisse Assimilirungspotenz zuzusprechen. Diese Assimilirungspotenz wird sich aber nicht nur auf die stofflichen
Verhältnisse, sondern zugleich auf die potenziellen Beziehungen erstrecken. Diese Zelle hat nämlich an und für sich
eine unwandelbare Vererbungspotenz zuvörderst für jene primitive Form, welcher sie zuerst entsprach. Das Thier erleidet
sodann Veränderungen, demgemäss auch die Samenzelle. Nun,
sagen wir, wird auch diese Abänderung vererblich sein und zwar
beharrlich und widerstandsfähig. Dieser Zusatz an Beharrlichkeit stammt nicht von der wandelbaren Form her, sondern von
der Assimilirungspotenz, vermöge welcher die ursprüngliche
Vererbungspotenz kräftig genug ist, sich auch als Kraft auf den
Zusatz der Zellenbeschaffenheit auszudehnen. (a b c) z. B. stelle
eine primitive Samenzelle vor, mit der Vererbungspotenz „x“.
Durch Abänderung des Thieres kam die Zelle zur Beschaffenheit
(a b c d). Nun ist aber der ursprünglichen Zelle (a b c) eine
gewisse Assimilirunnskraft „y“ eigen, durch welche der
neue Bestandtheil „d“ zur Vererbungspotenz „x“ assimilirt wird.

So wird auch dieses „d", trotzdem es von einer wandelbaren
Form herstammt, dennoch widerstandsfähig und beharrlich in
der Entwicklung bleiben, weil es vermöge der ursprünglichen
Zellenbeschaffenheit zur „x" Kraft assimilirt wurde. Die Zelle
an und für sich hat demgemäss nicht nur das Vermögen, sich
selbst treu zu erhalten, sondern zugleich das Vermögen, alle
eingedrungenen Bestandtheile und Veränderungen ebenfalls zu
dieser Treue heranzubilden. Erhalten die neuen fremdartigen
Abänderungen der Zelle das Uebergewicht über die ursprüngliche,
nun dann wird wohl jenes „x" erlöschen, und das Thier fort-
pflanzungsunfähig sein. So gelangen die Abänderungen von
Stufe zu Stufe bis zur phylogenetischen Entwicklung des Menschen,
und alle neuen Formen erscheinen mit der beharrlichen und
widerstandsfähigen Vererbungspotenz „x" trotz der Wandelbarkeit der Formen, vermöge der Assimilirungskraft der Samenzellen im Allgemeinen.

Ist es insofern gelungen, die Sicherheit und Widerstandsfähigkeit der embryonalen Entwicklung auf Grundlage des allgemeinen Zellenbegriffes inmitten ewig flüssiger und wandelbarer
Formen begriffsmässig zu bestimmen, so sei auch der Versuch
gemacht, der andern Schwierigkeit, welche hervorgehoben wurde,
zu begegnen. Wir wollen uns auch bemühen, einen anschau-
lichen Zusammenhang zwischen Formabänderung des Thieres
und [der davon bedingten Abänderung der Samenzellen in
der Weise darzustellen, dass aus letzteren wieder unbedingt die
gleiche Thierform hervorgehen müsse — also das Vererbungsprincip in aller Form und weitreichendster Bedeutung anschaulich
darzustellen.

Zu dem Ende gehen wir wieder nur von der einzig ver-
nünftigen Voraussetzung aus, dass die embryonale Entwicklung
sich von Phase zu Phase differenzirungsweise vollziehe. In
Formel z. B:

$$\overline{(\alpha\ \beta\ \gamma\ \delta)\ \text{Samenzelle}}$$

x (α abc) $+$ x (α def) $+$ . . . . . x (β abc) $+$ . . . . . Zellen
erster Differenzirungsphase

x (α a abc) $+$ . . . . . $+$ x (β a abc) . . . . . $+$ x (β b efg)

. . . .

. . . .

Zellen zweiter und fernerer Differenzirungsphasen.

x (α a a A ABC) $+$ . . . . . $+$ x (β a a ABC) $+$ . . . . . $+$ . . . .

$+$ x (β b a B M N O . . . . vollendetes Thier.

So wäre ich hierauf anzunehmen geneigt, dass zur Bildung der Samenzelle der ganze Process nunmehr rückwärts gehend gedacht werden müsse.

Nämlich so:

x (x α a a A A B C) $+$ . . . . . . $+$ x (β a x ABD) . . . . .

Thierform oder nte Phase,

. . . . (n — 1)te Phase,

. . . . (n — 2)te Phase,

x (x α a a b c $+$ . . . . x (β a a b c) $+$ . . . 2te Phase,

x (α a a b c $+$ . . . . $+$ x (β a a b c) . . . . erste Phase,

(α β γ δ) Samenzelle.

Man wird sofort den Vortheil dieser Annahme erkennen. Erleidet jetzt das Thier eine Formveränderung, die auf die Bildung der Samenzelle Einfluss nimmt, so wird es einleuchtend sein, dass sich dieser Einfluss in den rückwärtsschreitenden Phasen vollzieht, die ebenso während der embryonalen Entwicklung in den Differenzirungsphasen getreu zum Ausdrucke kommen, bis im vollendeten Thiere gerade dieselbe Form erscheint, von welcher die Abänderung der Samenzelle hervorgeht. Das schwierige Problem, nach welchem Gesetze denn die zufällige Abänderung der Thierform in d e r Weise die Zelle beeinflussen müsse, dass durch alle Entwicklungsphasen hindurch dieselbe Form wieder erscheint, wäre gelöst, ohne dass man in der Zelle ursprünglich die fertige Thierform prägnirt oder vorgezeichnet zu denken hätte. Ein Beispiel für solchen Vorgang hätten wir allenfalls in einem höchst einfachen physikalischen Verhältnisse zu verzeichnen.

Ein Gegenstand vor eine Linse gehalten, giebt auf der anderen Seite ein getreues Bild. Die Strahlen, wie sie in der Linse selbst erscheinen, könnte man mit der Samenzelle vergleichen; wie sie hinter der Linse in stets anderen Durchschnittsverhältnissen auseinander gehen, mit den Differenzirungsphasen, und wie sie endlich wieder zum Bilde sich vereinigen, mit der

Vollendung des Thieres; die Linse selbst mit der Differenzirungspotenz oder mit der Vererbungskraft und die Durchschnittsfiguren
der Strahlen vom Gegenstande bis zur Linse mit den verschiedenen
Phasen der Samenzellenbildung. Sowie nun hier jede Abänderung
des Gegenstandes durch die Linse hindurch die gleiche Abänderung des Bildes treu wiedergiebt, so verhielt es sich auch
mit der Vererbung der Formabänderung durch die Samenzelle
hindurch.

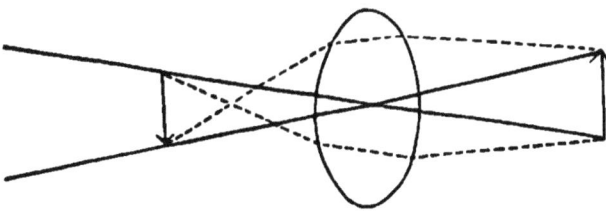

Es scheint zwar aus manchen maassgebenden Andeutungen
von Seiten der Darwinisten hervorzugehen, dass man dieserseits
der Annahme huldigt, als ob die Ei- und Spermazellen im Allgemeinen bei allen Thieren von wesentlich gleichartiger Natur
seien. So wird auch mit besonderem Nachdrucke hervorgehoben, dass die Embryonen verschiedener Thierarten nicht einmal noch in den ersten Entwicklungsphasen unterschieden werden
können. Von völliger Gleichheit kann jedoch darum noch keinesfalls die Rede sein. Wenn wir auch in Ermangelung hinreichen-
der Beobachtungsmittel noch so wenig vermögend sind, die
thatsächlichen Unterschiede zu erkennen, so beweist doch das
Endresultat des Entwicklungsverlaufes eine ursprüngliche Verschiedenheit. Mag die Wendung dieses Entwicklungsverlaufes
mit bemerkbarer Verschiedenheit in noch so später Differenzirungsphase auftreten, so muss sie dennoch immerhin in der
nächst vorangehenden Phase begründet sein, welche ebenso
nothwendig wieder nur von der ihr zunächst vorangehenden
Phase abhängig ist, bis wir unbedingt zur ersten Ursache dieser
Wendung, auf die erste Phase und von da zur Samenzelle gelangen. Wollten wir dies in Abrede stellen, so hätten wir sofort
den naturgemässen Hergang der Sache verleugnet, der ja Aus-
gangs- und Zielpunkt der ganzen Entwicklungstheorie sein soll.
Die hier gegebene Darstellung des Vererbungsprincipes kann in
solcher Weise freilich nur dem philosophischen Standpunkte ge-

nügen. Dieser strebt hier auf Grundlage des Darwinismus einen reinen Materialismus an und fand ein wichtiges Moment des Darwinismus stofflich unerklärlich. Nachdem es aber der Philosophie zu ihrer eigenen Beruhigung gelungen ist, diese Lücke durch eine ideale Darstellung auszufüllen, bleibt es immer noch Aufgabe der Naturforschung, dieses Verhältniss durch Angabe bestimmter Thatsachen inhaltlich auszufüllen. Mir genügt es, ein vorstellbares Verhältniss nachgewiesen zu haben.

So wäre es mir nun gelungen, die in erster Erwägung hervortretenden Bedenken gegen die wichtigsten Grundlagen des Darwinismus zu beseitigen. Im Uebrigen mag ja die Möglichkeit einer Theorie noch so gering oder gross sein, die geringste wird sofort hinreichend, wenn erst die positiven Beweise und die Nothwendigkeit derselben zwingend und bestimmend für unser Urtheil werden.

Bevor ich jedoch zur logischen Untersuchung derselben im nächsten Capitel schreite, muss ich mir noch die kurze Erörterung einer freilich längst zu den überwundenen gezählten Frage gestatten, der Frage nämlich — warum denn nicht heute noch vor unseren Augen neue Arten entstehen?

Man giebt zur Antwort, weil solche erst nach viel tausendjährigen Perioden entstehen können. So einfach reicht nun die Antwort allenfalls nicht aus. Die Reise von Wien nach Paris hat ein ausdauernder Reiter auf vortrefflichem Rosse in einem Aufsehen erregenden Wettritte in 14 Tagen noch zur Noth bewerkstelligen können. Wird darum für den Fall, dass man nur zu Pferde von Wien nach Paris gelangen könnte, nur in je 14 Tagen eine Reiterschaar von Wien in Paris eintreffen dürfen? Ich hielte dafür, dass auch dann noch täglich, ja stündlich Wiener Reisende in Paris eintreffen könnten, und dass die ganze Strasse merklich davon Zeugniss gäbe, dass hier ein Verkehr zwischen Wien und Paris stattfindet. Ist denn das Thierreich etwa armseliger an Arten als die beiden Städte an Menschen? Oder ist für die phylogenetische Entwicklung nur ein einziger Angriffspunkt mit Berechtigung anzunehmen? Muss es stossweise nur von hundert Jahrtausenden zu hundert Jahrtausenden einen Schritt nach vorwärts machen oder seitwärts gelangen?

3*

Müssen nicht folgerichtig vielmehr unzählige hart hintereinander-
liegende Angriffspunkte angenommen werden, von welchen aus
an jedem Tage der historischen Zeit hundert Jahrtausende ab-
gelaufen sein könnten?

Man wird entgegnen, dass auch wirklich die Umwandlungen
vor unseren Augen sich vollziehen, wie es an den Varietäten zu
beobachten sei, da es ja nach dem Darwinismus keinen begriffs-
mässigen Unterschied zwischen den Varietäten und Gattungen
gebe. Wenn man jedoch die Verhältnisse in Erwägung zieht,
sollte es so kommen, dass man nicht nöthig hätte, sich auf
diese Varietäten-Erscheinungen zu berufen; sondern so augenfällig,
dass für keinen Beobachter die Frage möglich wäre, warum
denn die phylogenetische Entwicklung heute nicht mehr bemerkbar sei.

Darum scheint mir am beachtenswerthesten nur die eine
Antwort: Man muss den Stillstand der phylogenetischen Entwicklung auf Rechnung des nunmehr gewaltig auf das Thier-
leben eingreifenden Menschen setzen. Da einmal der Mensch,
mit bestimmten Zielen vor Augen, in der Welt Stellung nimmt,
hier der Ausbreitung des Thierreiches mit allen Vernunftmitteln
entgegentritt, dort durch Züchtung dieselbe wachsam in bestimmte
Formen leitet, so muss wohl, wie leicht nachweisbar ist, der
Umbildung und Entwicklung der Boden entzogen werden.

Dadurch gewinnt aber das ganze Entwicklungssystem ein
ganz eigenartiges Gepräge. Die Urzelle durchschreitet in ihren
Umbildungen ein fast unübersehbares Gebiet mit Zurücklassung
der reichhaltigsten Spuren und gelangt endlich an das Ziel, wo
sie mit Bewusstsein in Beziehung gebracht wird, sage ich, zur
Fähigkeit des Selbstbewusstseins gelangt, sagen Andere. — Hier
bleibt die Entwicklung wenigstens im zufälligen Verlaufe stehen,
hier überzieht eine bindende und lenkende Macht den ganzen
Reichthum organischer Fülle, als ob ihr mit gewaltigem Zu-
klappen das endgiltige „geworden!" zugerufen würde.

Verwundert stehen wir da, Anfang und Ende in's Auge
fassend und fragen unwillkürlich: Was hat es mit diesem Selbstbewusstsein eigentlich für Bewandtniss — das, ob jetzt als Vermögen der Zelle selbst, oder als besonderes ausserhalb derselben
immerhin vermögend ist, die fernere Zellendifferenzirung zum
merklichen Stillstande zu bringen? Wohl wäre es für die Natur-

forschung nicht räthlich, inmitten reeller Untersuchungen und wissenschaftlicher Anreihung einzelner Thatsachen solchen hier nur störenden, weil nicht so leicht zu bewältigenden Reflexionen Raum zu gönnen. Die Philosophie jedoch, welche die Welt im All erfassen möchte, vermag sich solchen eindrucksvollen Verhältnissen nicht zu entziehen und wagt die Untersuchung daran, ob nicht hier ein Anhaltspunkt zur Vervollkommnung der Weltanschauung geboten sei.

Zweites Capitel.

Die Beweise für den Darwinismus.

Die Entwicklungstheorie leitet ihre vorzüglichsten Beweise von der Ontogenie, von der vergleichenden Anatomie und von der Palaeontologie her.

Die Ontogenie lehrt uns einen äusserst merkwürdigen Entwicklungsverlauf des Embryo kennen. Hier zeigt sich durchaus nicht der gewöhnliche Begriff des Werdens anwendbar. Es zeigt sich in den ersten Entwicklungsphasen keineswegs, so wie wir es hätten voraussetzen dürfen, etwa eine Anlage der wesentlichsten Bestandtheile des zu bildenden Geschöpfes, die im weiteren Verlaufe sodann zur Vollendung gelangen. Es tritt auch sonst kein Grundriss hervor, der in weiterer Entwicklung systematisch ausgebaut wird. Es lässt sich nach unserem Dafürhalten ebenso wenig annehmen, dass in erster Entwicklungsphase ein Grundelement des zu werdenden Organismus entstehe, das nunmehr causal die späteren Entwicklungsphasen bedingen würde. Noch weniger erscheint zum Anfange der Entwicklung irgend ein bedeutungsvolles Lebenscentrum, um welches sich sodann nähere und entferntere Theile gruppiren würden. Kurz, aus der Beschaffenheit des Thieres an und für sich würde man in keiner Weise jene Methode ableiten können, nach welcher sich der Aufbau desselben thatsächlich vollzieht. Wo wir sonst bei einem combinirten Kunstgebilde in der Beschaffenheit desselben dessen Aufbau systematisch verfolgen können, sehen wir hier alle unsere Vermuthungen von den thatsächlichen Verhältnissen widerlegt. Nichts trifft in dem embryonalen Entwicklungsverlaufe dem zu, was wir nach Maassgabe des zu werdenden Thieres vermuthet hätten. Das Thier an und für sich kann deshalb vermöge seiner Beschaffenheit keineswegs als alleiniger Maassstab für die embryonale Entwicklung angenommen werden, weil diese Beschaffenheit dem ganzen merkwürdigen Entwicklungsverlaufe keine ausreichende Ursache bietet. Demnach sieht man sich gezwungen, noch einen andern Maassstab und zwar ausserhalb des betreffenden Thieres für diesen Entwicklungsverlauf zu suchen. Wo nun dieser zu finden sei, das lehren uns andere interessante Eigenthümlichkeiten dieses Entwicklungsverlaufes.

Die Ontogenie constatirt nämlich im Verlaufe der Entwicklung mehrere Rück- und Umbildungen, Gebilde und Formen, die vorübergehend, ebenso wie sie entstanden sind, ganz oder theilweise wieder reducirt werden.

Die Formen, welche endgiltig bestehen sollen, entstehen nicht direct im geraden Verlaufe, sondern werden erst durch entsprechende Umformungen und Umbildungen zu dem, was ursprünglich ihre Bestimmung gewesen ist. Diese vorübergehenden Formen sind es nunmehr, welche insofern unsere besondere Aufmerksamkeit erregen, als sie so, wie sie hier nur zeitweilig auftreten, bei anderen meistens minder vollkommenen Thieren bleibend und wesentlich erschienen,

So werden wir eben durch die Ontogenie allererst auf die Thiere niederer Ordnung aufmerksam gemacht, indem wir den embryonalen Entwicklungsverlauf höher organisirter Thiere betrachten. Auf dieser Spur zum Auffinden eines Maassstabes zum Verständnisse der ontogenetischen Entwicklung werden wir im Weitern durch die vergleichende Anatomie vollends bestärkt. Muskeln, Drüsen, Knochen, Darmtheile u. s. w., die wir in der einen Thierart ganz unverwerthet und bedeutungslos, wenn nicht gar den Gesammtorganismus bedrohend, vorhanden finden, zeigen sich bei anderen meistens minder entwickelten Thierarten als wesentliche, unentbehrliche Bestandtheile. Die vergleichende Anatomie zeigt überdies vorzüglich bei dem Menschen verkümmerte Bestandtheile, die wir auf den ersten Augenschein hin als rückgebildete Rudimente solcher Formen erkennen, welche ausgebildet bei den Thieren niederer Ordnung erscheinen.

Wird somit die Vermuthung immer stärker, dass hier irgend ein Zusammenhang zwischen der embryonalen Entwicklung und den niederen Thierformen bestehe, so sind wir im weiteren Verlaufe der vergleichenden Anatomie erst recht in der Lage, dieser Vermuthung wissenschaftlichen Ausdruck zu verleihen.

Es lässt sich nämlich bei gehöriger Zusammenstellung aller
Formen minderer und höherer Thiere für jeden einzelnen Be-
standtheil eine Reihe zusammenstellen, in welcher der Ueber-
gang von Form zu Form, von der niedrigsten bis zur höchsten
Thierart mit fast unbemerkbarer Verschiedenheit auftritt. Diese
Uebergänge von Art zu Art verlaufen in solcher Unmerklich-
keit, dass sie thatsächlich oft weniger auffällig sind, als die
Verschiedenheit der Varietäten innerhalb einer und derselben Art.
Da kann fortan von einer maassgebenden Scheidewand zwischen
den verschiedenen Thierarten, so sehr sie auch an den äusseren
Endpunkten divergiren mögen, passend nicht mehr die Rede
sein. Wir sehen sehr wohl ein, dass diese schwachen Uebergänge in der Entwicklung der Thierarten sehr leicht von Stufe
zu Stufe überschritten werden konnten. Wir gelangen zur Erkenntniss der Entwicklungstheorie und rücken immer näher dem
Verständniss der ontogenetischen Entwicklung. Wir erkennen,
dass alle diese merkwürdigen und eigenthümlichen Phasen augenscheinlich jene Reihe der Uebergangsformen mehr, weniger aber
ziemlich unverkennbar wiederspiegeln. Nunmehr wird es immer
offenbarer, dass alle diese mannigfachen Thierarten durch Umformung und Umbildung sich auseinander entwickelt haben, und
dass die ontogenetische Entwicklung, so eigenthümlich und unerklärlich sie auch an und für sich erscheint, vollkommen durch
die phylogenetische Entwicklung begriffen werden kann.

So wie sich die Art von Form zu Form entwickelt hat, so
vollzieht es sich von Phase zu Phase in der embryonalen Entwicklung des Thieres. Und wo noch Zweifel und Bedenken
übrig bleiben sollten, wird die Theorie über alles durch die
Palaeontologie vollends zur Evidenz gemacht. Diese Wissenschaft hat unserer Erkenntniss untergegangene Welten erschlossen,
spinnt den Faden unseres Wissens weit über die Urzeit des
menschlichen Geschlechtes hinaus, hat einerseits das unübersehbare Heer der Thierarten durch die Entdeckung zahlreicher
untergegangener Arten wesentlich ergänzt und ist andererseits
ein sicherer Wegweiser zur Erkenntniss der Reihenfolge, in
welcher die Arten nach einander entstanden sind.

Wenn sich nun zeigt, dass der embryonale Entwicklungsverlauf dieselbe Reihenfolge in den Phasen befolgt, so dass die
Parallele zwischen ontogenetischer und phylogenetischer Entwicklung auch nach der zeitlichen Aufeinanderfolge genau ent-

spricht, wer könnte da noch länger den unverkennbaren Zusammenhang zwischen Ontogenie und Phylogenie bezweifeln?

Diese Erscheinungen und Thatsachen liefern für den Darwinismus einen Beweis von solch imponirender Gewalt, dass man bei den besten Voraussetzungen für diese Theorie dennoch mit der strengsten Untersuchung und mit der anspruchsvollsten Prüfung an dieselben herantreten darf.

Wie ein alles bezwingender Eroberungszug auf langem, fast unübersehbarem Wege macht sich fortan die Entwicklungstheorie geltend. So viele Organe der menschliche|Leib nur aufzuweisen hat, an alle wird derselbe Maassstab für die ontogenetische Entwicklung angelegt. Am Gehirne, an den Athmungsorganen, an den Organen des Blutkreislaufes, an den Geschlechtsorganen, am Skelete, überall sind für die Beweisführung des Darwinismus neue Bestätigungen, neue Triumphe zu erwerben. In so viele Phasen sich nur die Entwicklung aller dieser Organe zerlegen lässt, jede einzelne Phase bestätigt die merkwürdige Parallele zwischen phylogenetischer und ontogenetischer Entwicklung. Von Thierart zu Thierart lässt sie sich verfolgen; an jedem Buge, an jeder Linienspur ruft sie uns laut und gewaltig zur Zustimmung auf. Gewiss, es lässt sich nichts Härteres und Peinlicheres denken, als einen grundsätzlichen und dennoch verständigen Gegner dieser Theorie dazu verurtheilt zu sehen, dass er die diesbezügliche Begründung des Darwinismus bis in alle Einzelheiten verfolgen müsse.

In einer anderen Abhandlung habe ich bereits darauf hingewiesen, wie der zuverlässigen Begründung einer Auffassung so oft gerade die Unmasse von Erfahrungen, deren wir andererseits zur Entwicklung unseres Wissens nicht entrathen dürfen, hinderlich sei. Wenn die Thatsachen allzu gewaltig zu irgend einer Idee hindrängen, dann wird schliesslich das Gemüth des Menschen mehr als die Denkkraft angeregt. Wo von Erscheinung zu Erscheinung die Idee an Bestärkung gewinnt, verzichtet man allzu leicht auf die Analyse des grundlegenden Zusammenhanges der Erscheinungen. Der gewonnene Eindruck spricht fortan vernehmlicher als das durchdachte Urtheil, die ahnungsvolle Ueberzeugung lauter, als die ausreichende Erkenntniss. — Was, wenn es nur erst begründet wäre, so viel erklären würde, wird hinsichtlich der Begründung nicht mehr in Zweifel gezogen. Darum bezeichne ich es als erste Pflicht des gewissenhaften

Denkers, dass er sich mit unverwüstbarem Muthe vor dem sich
aufdrängenden Eindrucke der grössten Menge von Erscheinungen
und Thatsachen vorerst rein halte, bis er auf's Gründlichste das
einflussnehmende Grundprincip einer Idee mit den zu erklärenden
Erscheinungen analytisch in Zusammenhang gebracht hat.

Nun denn, hier soll uns die Phylogenie die Ontogenie erklären, die Ontogenie wieder die Phylogenie beweisen; der gleich-
mässige Verlauf beider soll die erklärende Vermittlung zwischen
beiden abgeben! Wenn aber die Phylogenie die Räthsel der
Ontogenie erklären soll, so sind wir genöthigt, noch ehe wir
uns dem fast unwiderstehbaren Eindrucke der bestätigenden
Thatsachen hingeben, die strengste Untersuchung darüber anzustellen, inwiefern denn die Phylogenie maassgebend für die Ontogenie sein kann. Und wenn andererseits die Ontogenie die
Phylogenie zur Evidenz machen soll, so ist zuvörderst noch zu
zeigen, dass diese Ontogenie durchaus nicht anders als
eben durch die Voraussetzung der Phylogenie begriffen werden
kann. Nach diesen beiden Richtungen soll auch nunmehr die
folgende Untersuchung ihren Verlauf nehmen.

Um jedem Missverständnisse und einer voreiligen Vermuthung vom Anfange her vorzubeugen, erkläre ich sofort, dass
in diesem Capitel der Beweis für den Darwinismus noch nicht
hergestellt erscheinen wird, da dasselbe vielmehr mit dem eifrigsten Versuche, diesen Beweis zu entkräften, völlig erschöpft sein soll.

Wir haben uns demgemäss allererst mit der Frage zu be-
schäftigen: In welcher Weise können aus der phylogenetischen
Entwicklung die natürlichen physikalischen und chemischen Ursachen für den merkwürdigen embryonalen Entwicklungsverlauf
hergeleitet werden? Ich gestehe die Entwicklungstheorie vollkommen zu; — muss aber darum, frage ich, weil sich der
Mensch aus den Urthierchen durch äussere Einwirkungen auf
dem Wege vielfacher Umbildungen entwickelt hat, der embryonale Entwicklungsverlauf alle oder die meisten dieser ursprünglichen Umbildungsphasen durchmachen? Sind in der phylogenetischen Entwicklung zugleich die natürlichen Bedingungen
gegeben, die den gebundenen Verlauf der embryonalen Entwicklung erklären?

Die Ontogenie erscheint uns räthselhaft, unbegreiflich, wenn
wir diese vom Gesichtspunkte des betreffenden Thieres an und
für sich betrachten. Zur Entstehung dieses betreffenden Thieres

hätten wir eine ganz andere Entwicklung vermuthet. Wohlan
denn, ist sie, wenn diesen Phasen ebenso viele Umbildungsphasen
entsprechen, causal genügend begründet?

Folgendes wird behauptet: In der Samenzelle bleiben alle
die ursprünglichen Formen prägnirt und erst dann, wenn das
geworden ist, was die früheren bereits verdrängten Formen bedingen, tritt die Kraft der Umformung ein, entsteht diejenige
Form, zu welcher sich das Thier verändert hat. Das gilt als
Regel für die ganze so beträchtliche Entwicklungsreihe. Man
spricht auch von der sinnreichen Art der Natur, wie sie die
Phylogenie·in der Ontogenie getreulich wiederspiegelt, wie sie
uns in den embryonalen Entwicklungsphasen so belehrend die
Hauptmomente der Artentwicklung verzeichnet hat.

Klingt jedoch das Ganze nicht allzu mysteriös? Kommt
es uns dabei nicht vor, als hätte in erster Reihe die Samenzelle
die teleologische Bestimmung, sich zu dem bestimmten Thiere
zu entwickeln? Als handelte es sich bloss um die Constatirung
eines triftigen Grundes für den sonderbaren Gang der Entwicklung und nicht um die Angabe — stofflicher Ursachen? Der Mensch oder das Thier kommt ja nicht darum
zu Stande, weil es so Ziel der Entwicklung ist, sondern einfach
und bloss darum, weil es so Vermögen und Beschaffenheit
der Zelle ist. Es kann uns demnach der Entwicklungsverlauf
nicht so sehr im Hinblicke auf den zu entwickelnden Menschen
als im Hinblicke auf die in der Samenzelle gegebene Beschaffenheit verwundern. Deshalb werden wir diesen auch nicht mit
einem Hinweise auf einen ausserursachlichen Zusammenhang
mit phylogenetischer Entwicklung erklären können, so lange
dadurch die stofflichen Ursachen für die ontogenetische Entwicklung nicht klar hervorgehen. Denn wo in aller Welt, sei es
in chemischen, mechanischen oder anderen physikalischen Vorgängen, könnten wir ein Analogon dafür finden, dass die Bahnen
der Abänderung in der Veränderung verewigt bleiben?
Wird ein Stein, der durch verschiedene Kräfte in allerlei verschiedene Richtungen in die Höhe geschleudert wurde, einfach
darum, weil er solche Linien hinauf beschrieb, auch in denselben
Richtungen hinunterfallen, sobald die hebenden Kräfte versagen?
Sollte man fortan nicht meinen, dass eine Kanone, die aus einer
Glocke gegossen wurde, jetzt, da sie wieder zu einem andern
Gegenstande umgegossen wird, vorerst im Gusse zur Glocke

werden müsse, bevor der gewünschte Gegenstand in seiner
Form zu Stande kommt? Oder wird die Schwefelsäure, die auf
Kosten des Sauerstoffs in der Salpetersäure aus schwefliger
Säure hergestellt wurde, allererst nur als schweflige Säure oder
Salpetersäure reagiren und erst in letzter Phase den Charakter
der Schwefelsäure offenbaren? Nun denn, soll denn in diesem
umgebildeten Thiere in erster Reihe alles das zum Ausdrucke
kommen, was es ursprünglich gewesen ist, und nicht zuvörderst
das, was es thatsächlich ist? Wir geben gerne zu, dass es
wesentliche Beschaffenheit jedes Thieres sei, Zellen abzusondern,
die naturgemäss nach ihrem ureigenen Vermögen wieder zur
Entwicklung des gleichen Thieres führen. Wir geben auch, so
unerklärlich uns der Vorgang sein mag, zu, dass dieses Vermögen der Samenzelle zur Vererbung des Thieres durch die
Beschaffenheit des Thieres bedingt ist. — Kann uns jedoch zu-
gemuthet werden, a priori diesem Thiere ein Vermögen zuzuschreiben, der Zelle eine Beschaffenheit von jenem Zustande zu
verleihen, in dem es sich zur Zeit nicht mehr befindet? Kann
ich dem Thiere ein Vermögen ohne stoffliches Substrat zu-
sprechen? Oder können die längst entschwundenen Formen eines
gewesenen Zustandes begreiflicher Weise ein solches Substrat
bieten? Von diesem Thiere sondert sich die Samenzelle ab,
von diesem Thiere allein kann der Zelle jene merkwürdige Fort-
pflanzungs- und Vererbungspotenz zukommen. Nun ist dieses
Thier ein ganz anderes geworden, als es jenes Urthier oder
Darmthier, von dem es herstammt, war; warum sollte dem
Thiere noch das Vermögen geblieben sein, ausser seiner bestehenden Beschaffenheit der Zelle noch die eines einst gewesenen Zustandes zu verleihen, da es nun gegenwärtig ein
ganz anderes ist?

Darum würde es uns scheinen, dass selbst nach der Voraussetzung der phylogenetischen Entwicklung, vermöge welcher
verschiedene Arten entstanden sind, auch die ontogenetischen
Entwicklungsarten so verschieden von einander sein müssten,
als die Arten selbst. Die Entwicklungstheorie soll ja vorzüglich
die Verschiedenheit erklären und kann nicht zugleich eine Identität, die der embryonalen Entwicklung nämlich, welche erst
nach der bestehenden Verschiedenheit auftritt, erklären.

Oder lässt sich die Behauptung aufstellen, dass die verschiedenen Arten durch die Entwicklung nicht so sehr nach

dem inneren Wesen gesondert, als bloss weiter entwickelt sind
und nur in solcher Weise von Grad zu Grad vollkommen werden?
Liesse sich behaupten, dass die vollkommeneren Thierarten alle
früheren ursprünglichen Formen in sich enthalten, dass sie sich
bei genauerer Sachkenntniss in solche Bestandtheile analysiren
liessen, wie sie durch die embryonalen Entwicklungsphasen zum
Ausdrucke kommen? Dann hätten wir wieder in jedem Thiere
selbst die nächste Ursache für die embryonale Entwicklung gefunden. Diese letztere wäre auch aller Wunderbarkeit entkleidet,
stünde dann freilich unmittelbar im Zusammenhange nicht so
sehr mit der Stammesentwicklung, als mit ihrer ureigenen Entwicklung. Die Phylogenie würde uns nach diesem Standpunkte
höchstens nur noch diese sonderbare Beschaffenheit der Thiere,
nicht aber unmittelbar die Keimesentwicklung selbst begreiflich machen.

In Wahrheit verhält es sich jedoch ganz und gar nicht
dem ähnlich. Die älteren Formen und Bestandtheile erscheinen
bei gründlicher Auffassung des Darwinismus von den neueren
nicht bloss umkleidet, ergänzt und vervielfältigt, sondern abgeändert, ausgewechselt und gänzlich verdrängt. Diese Knochen,
dort so geformt, erscheinen hier in einer anderen Form. Dieses
Gehirn, dort nur als Blasen in den ersten Spuren auftretend,
erscheint hier in der Gestalt von grossen und kleinen Hemi-
sphären; dort glatt, hier in Windungen, Furchen u. s. w.
Diese Athmungswerkzeuge, dort als Trochäen, erscheinen hier
als Kiemen oder Lungen; jene Gliedmaassen als Flossen, Flügel,
Beine, Arme u. s. w. Wie soll nun, was längst entschwunden,
längst nicht mehr ist, Substrat und Ursache der neuen Entwicklung sein? Man bedenke die Kluft, die hier zu überbrücken ist.

Die embryonale Entwicklung, wie sie thatsächlich ist, sagt
die Beweisführung des Darwinismus, entspricht nicht den Ursachen, wie sie im betreffenden Thiere gegeben sind. Nach
Beschaffenheit dieses Thieres sollte der Entwicklungsgang ein
ganz anderer sein; und da der Entwicklungsgang nur von der
Beschaffenheit der Zelle abhängig ist, so wäre dann behauptet,
dass der Samenzelle nicht jene Beschaffenheit zukomme, welche
ihr von dem betreffenden Thiere ertheilt werden könnte. —
Demnach muss ihr diese Beschaffenheit zukommen — woher?
Doch nicht von etwas, was nur war und nicht mehr ist?
Indessen ist mir der tiefe Sinn, der diesbezüglich in der

Anthropogenie angedeutet ist, nicht ganz entgangen. Darnach muss der Samenzelle ein bei weitem mehr allgemeiner Begriff zugedacht werden. Da soll nicht so sehr von irgend einer speciellen Zelle dieses oder jenes Thieres die Rede sein; die Zelle, zumal die Samenzelle, sollte als das allgemein giltige Substrat für das ganze Thierreich gelten. In dem, was diese ursprünglich war, bleibt sie sich in allen Thieren getreu. Mag auch das Thier verändert worden sein, die ursprüngliche Zelle geht dennoch als unverwüstliches Element immer wieder daraus hervor und kann auch immer nur denselben ersten Differenzirungsverlauf nehmen. Wir können nicht wesentlich die Samenzellen der verschiedenartigsten Thiere von einander unterscheiden. Ja, wir können auch aus den ersten Entwicklungsphasen noch nicht die ausschliessliche Bestimmung für ein bestimmtes Thier annehmen. In wunderbarer Weise, sagt man ferner, komme dann, nachdem die Differenzirung an die Grenze des Vermögens jener ursprünglichen Zelle angelangt ist, dasjenige Vermögen, welches durch Vererbung erlangt wurde, und zwar in der Reihe, wie es vererbt wurde, zur Wirksamkeit. Man kann allenfalls nicht umhin, dieser Auffassung besondere Tiefsinnigkeit zuzugestehen. Man muss anerkennen, dass sie den Thatsachen bis auf's Einzelste genau entspricht. Wer gehörig von den Erscheinungen des organischen Lebens unterrichtet ist, muss von der durchgreifenden Uebereinstimmung dieser Auffassung mit den Thatsachen hingerissen werden. Nur insofern man Wissenschaftlichkeit anstrebt, kann man sich nicht befriedigt erklären. Die Uebereinstimmung einer Theorie mit den Thatsachen erwirbt durchaus noch nicht den Rang der Wissenschaft; ebenso wenig auch die Theorie, welche die Thatsachen in Zusammenhang und Beziehung zu bringen, versteht. — Wissenschaft ist einzig und allein die Analyse der Thatsachen in die Wirkungen allgemein giltiger Naturgesetze, d. h. rein stofflicher Ursachen.

In diesem Sinne und zwar nur in diesem Sinne bleibt es ewige Wahrheit, Wissenschaft ist Materialismus! Nicht jener Materialismus, der dem Sein unbegründete Schranken setzt, wohl aber derjenige, der jede Ursache als allgemein giltig hinstellt und somit alle stofflichen Ursachen auf den Stoff im Allgemeinen zurückführt. Wissenschaft im weiteren Sinne ist Realismus, insofern sie sich nicht mit Worten und idealen Verhältnissen als Erscheinungsursachen begnügt, sondern Existenzen als Substrat von Vorgängen und Erscheinungen denkt.

Wissenschaft ist mit einem Worte — Consequenz! Was als Ursache gesetzt wird, ist existent, da es wirkt. Und weil es existirt und nach vorwärts wirkt, so kann auch nach rückwärts nicht mehr davon abgesehen werden; so muss es als Existenz überhaupt immer und überall in Rechnung kommen! Darin und in Nichts mehr besteht auch das Alpha und Omega wenigstens meiner Philosophie. Ich pflege es auch oft zu betonen, dass ich nicht so sehr auf die Einführung von Begriffen als gegen die gelegentliche Hinausschmuggelung derselben ein wachsames Auge habe. Herein mag Alles, aber ich fordere dann, dass es nicht mehr hinausgeschafft werde, wo es unbequem zu werden anfängt. Das, wodurch eine stoffliche Erscheinung erklärt wird, muss als Eigenschaft auf den Stoff im Allgemeinen zurückgeführt werden können.

Nun denn, wenn da in der embryonalen Entwicklung an einer gewissen Grenze ein Wendepunkt eintritt, und wenn diese Entwicklung aus der Beschaffenheit der Zelle erklärt werden muss, dann ist diese Samenzelle, mit welcher jene Wendung gegeben ist, unbedingt anders beschaffen als jene, mit welcher sie nicht gegeben ist. Wenn dann ferner jene Wendung durch Vererbung bedingt ist, und die Vererbung durch die Beschaffenheit des betreffenden Thieres herrührt, dann ist die Beschaffenheit des Thieres für die Beschaffenheit der Samenzelle maassgebend. Und so bleibt die Frage immer wieder in ihrer Kraft: Wie kommt die Zelle zu einer Beschaffenheit, welche dem betreffenden Thiere nicht entspricht? Der Hinweis auf die Phylogenie hat immer nur den Werth einer idealen Erklärung, da sie keine stofflichen Spuren zurücklässt. Ich gehe weiter!

Die Samenzelle sei wesentlich von allgemein giltigem Charakter, ihre Beschaffenheit ursprünglich, und diese ursprüngliche Beschaffenheit in erster Kraft wirksam. Der vererbungsbefähigende Einfluss des Thieres komme jedoch ebenso und zwar in zweiter Reihe in Rechnung. — Das Eine schliesst das Andere nicht aus. Darum muss die erste Phase für alle Thierarten identisch sein; sie bezeichnet das ursprüngliche, wesentliche, unverwüstliche Element der Zelle, nach welchem erst nachträglich die Vererbung zur Geltung kommen könne. Nun wohl, so wäre wirlich die erste Differenzirungsphase und diejenigen

für das betreffende Thier vollständig erklärt. Wie sollen
jedoch dann noch alle die merkwürdigen Zwischenphasen
von stofflicher Ursache gedeckt werden? Die weiteren Vererbungs-
phasen zwischen dem Urthiere bis zum Menschen
gehören offenbar dann nicht mehr zum wesentlichen Elemente
der Zelle; sind sie ja nur durch Vererbung hinzugekommen.
Warum sollen alle diese beim Menschen in der embryonalen Entwicklung ebenso zum Ausdrucke kommen? Als wesentliches
Zellenelement können sie nicht gelten, da sie erst durch Vererbung hinzugekommen sind; woher nun ihr Einfluss, da sie im
menschlichen Leibe längst verdrängt und verändert sind?

Vielleicht, dachte ich mir ferner, ist es mit der Merkwürdigkeit der embryonalen Entwicklung nicht in so weitem
Sinne gemeint. Es dürfte die embryonale Entwicklung vom
Anfange her dennoch wohl der Beschaffenheit des betreffenden
Thieres im Wesentlichen entsprechen und von derselben causal
zur Genüge gedeckt erscheinen. Was als merkwürdig zu bezeichnen wäre, bezöge sich jedoch bloss auf die zeitliche Aufeinanderfolge der Differenzirungsphasen. Warum die Gliedmaassen
erst in vorzüglich ¦später Phase, warum das Gehirn später als
das Rückenmark, warum ganz zuerst der Darm, kurz, warum
alles gerade in solcher Aufeinanderfolge zur Entwicklung komme,
das allein soll zumeist durch den idealen Hinweis auf die
Phylogenie begriffen werden. Auch das geht nicht an; auch
bezüglich der zeitlichen Aufeinanderfolge kann die bestehende
Beschaffenheit des Thieres nicht von dem idealen phylogenetischen Einflusse verdrängt werden. Entweder bedingt die Beschaffenheit dieses Thieres solche zeitliche Aufeinanderfolge in
der embryonalen Entwicklung, dann ist der Hinweis auf die
Phylogenie überflüssig und letztere dadurch nicht bewiesen, oder
diese zeitliche Aufeinanderfolge ist mit der Beschaffenheit dieses
Thieres selbst causal nicht genügend erklärt, dann reicht die
Phylogenie, insofern das Gewesene und Verdrängte kein stoffliches Substrat abgiebt, hierfür noch weniger aus. Man bedenke:
Die Stammesentwicklung kam ganz zufällig durch äussere Einwirkung zu Stande. Ebenso wie die Umstände zuerst die Umbildung des Kopfes bewirkten, konnten sie füglich früher irgend
eine Umwandlung der Gliedmaassen bewirken. Für die Samenzelle aber sind nicht mehr zufällige Umstände, sondern die Beschaffenheit des Thieres maassgebend. Warum sollte dieser

Einfluss durch jene Reihenfolge beeugt sein, welche an diesem Thiere in keiner Weise stofflich eingeprägt sein kann? Ebenso wenig ein Körper, den ich auf einem Luftballon auf den ausserordentlichsten Bahnen kreuz und quer in die Höhe brachte, darum einen anderen Weg hinabfallen wird, wenn er hoch oben dem Einflusse seiner Schwere überlassen wird, als derjenige, der direct in gerader Linie hinaufgebracht wurde; ebenso wenig als ein Körper, der eine Stunde später hinaufgebracht wurde, eine Stunde später zur Erde fallen wird, als ein anderer in jeder Beziehung gleicher früher hinaufgelangte und doch gleichzeitig, oder noch später hinabgeschleuderter Körper, ebenso wenig, sage ich, können wir ohne bestimmte Gründe annehmen, dass der Verlauf der Stammesentwicklung sowohl den wesentlichen Verlauf, als auch nur die zeitliche Aufeinanderfolge der embryonalen Entwicklung beeinflusse. Diese erforderlichen besonderen Gründe aber fehlen uns.

Und wenn nun die Beweisführung für den Darwinismus noch einen Schritt zurück weichen wollte, wenn sie anerkennt, dass die embryonale Entwicklung stets absolut nur dem betreffenden Thiere auch in der zeitlichen Aufeinanderfolge der Differenzirungsphasen entspricht, wenn sie sich nur auf die merkwürdige Parallele in der Ontogenie aller Thiere beriefe, um allenfalls wenigstens den Parallelismus der Beschaffenheit aller Thierarten constatiren zu können, und wenn sich die Entwicklungstheorie schon durch den gleichartigen Entwicklungsgang aller Thiere allein für bewiesen erachtete, so wird man auch dann nicht länger anstehen dürfen, diese Folgerung im eigentlichen Kernpunkte zu bestreiten. Der Parallelismus in der ontogenetischen Entwicklung aller Thierarten wird zuvörderst nur das einheitliche Gesetz und Princip für den Aufbau aller thierischen Organismen sicher stellen, keineswegs jedoch die phylogenetische Entwicklung aller auseinander.

Der Darwinismus würde uns zugestehen, dass die Keimsentwicklung aller Thierarten an sich ihren naturgemässen Verlauf habe, dass ihre Beschaffenheit (der) des betreffenden Thieres genau entspricht, und bloss aus der merkwürdigen Parallele zwischen allen embryonalen Entwicklungen ein Princip der Gleichheit für alle Thierarten herleiten, welches unbedingt auf die Entwicklung aller auseinander hinweisen sollte.

Jawohl, das Princip einer gewissen Einheit aller Thiere

geht unbedingt aus dieser Parallele hervor. Diese Gleichheit kann
aber bloss in der wesentlichen Thierbeschaffenheit bestehen, ohne
darum auf die Annahme der Entwicklung a u s e i n a n d e r mit
Nothwendigkeit hinzuweisen. Man kann ja sehr wohl eine
Gleichartigkeit zwischen den Vielen anerkennen, ohne darum das
Werden der Einen aus den Anderen annehmen zu müssen.

Ueberdies ist nicht zu vergessen, dass der Darwinismus
den Einfluss der Phylogenie auf die Ontogenie hauptsächlich in
dem Vererbungsgesetze erblickt. Das ginge auch an, wenn nur
irgendwie die stofflichen Begriffe gegeben wären, die mit diesem
Worte bezeichnet werden sollen. Hat es nun schon mit dem
Vererbungsgesetze seine ·Schwierigkeiten im Begreifen für den
Fall der einfachen Fortpflanzung, um wie viel mehr hier in der
weiten Ausdehnung des Einflusses von Phylogenie auf Ontogenie.
Auch hinsichtlich der Anwendung dieses Begriffes bleibt dieselbe
Frage bestehen. Da die Samenzellen sich von dem Thiere absondern, von diesen ihre Beschaffenheit zur Vererbung und Fortpflanzung erhalten: wie kommen längst entschwundene Formen
dazu, diese in ihrem Vermögen zu beeinflussen? Man wird sich
auf den häufig vorkommenden Atavismus auf die Metamorphose
bis in's dritte Geschlecht mit Uebergehung des zweiten berufen,
um die Vererbungsfähigkeit auf Generationen hinaus thatsächlich
nachzuweisen.

Insofern uns aber das stoffliche Substrat für solche Erscheinungen unauffindbar ist, muss es zunächst unsere Aufgabe sein,
die Räthsel des thatsächlich Gegebenen aufzuklären, nicht aber
den unaufklärlichen Fall noch in's Ungeheuere unwillkürlich auszudehnen und obendrein eine wissenschaftliche Theorie darauf
zu stützen. Die Metamorphose der Insecten fällt jedoch gar
nicht in die Kategorie dieser räthselhaften Erscheinungen, da
sie bloss einen regelmässig sich wiederholenden Kreisgang vorstellt, in welchem Phase aus Phase vermöge innerer Beschaffenheit ·des Vorhergehenden entstehen kann. Hierbei muss ein
Vererbungsgesetz gar nicht nothwendig in Betracht kommen.
Ei, Raupe, Puppe und fertiges Insect stehen zu einander so,
wie erste, zweite, dritte und vierte Differenzirungsphase jeder
andern Keimesentwicklung. Dass hier jede Phase als ein fertiges
Gebilde für sich erscheint, berechtigt durchaus nicht, irgend
eine wesentliche Unterscheidung anzunehmen.

Darum wird die erforderliche Beweisführung immerhin nur

erst nachzuweisen haben, dass die Phylogenie jene stofflichen Bedingungen enthalte, durch welche die ontogenetische Entwicklung beeinflusst werden kann.

Nun möchte ich wohl keineswegs denjenigen zugezählt werden, die mit besonderer Vorliebe auf jene Momente pochen, die sich zugestandener Weise auf solche dunkele und unaufgeklärte Partien der Wissenschaft beziehen, die einstweilen der erforderlichen Darstellung noch unüberwindliche Schranken entgegensetzen. Dennoch muss auch das Nichtwissen seine Grenzen haben, und darf nicht sofort jedes dunkele Gebiet ohne Weiteres Asyl und Tummelplatz erst bester Behauptungen werden.

Wir geben zu, dass viele unserer Erkenntnisse bereits fruchtbar waren, noch ehe sie von der vollendeten Aufklärung umstrahlt gewesen sind. Immerhin wird es jedoch erforderlich sein, da, wo uns die eingehende Kenntniss der Beziehungen und Verhältnisse abgeht, wenigstens dieselben vorstellungsweise, wenn auch nur schematisch darzustellen. Wo wir auch nicht anzugeben wissen, wie es sich mit einer 'gewissen Wechselwirkung thatsächlich verhält, sollten wir wenigstens bemüssigt sein, anzugeben, wie es sich damit verhalten könnte. Solche Lücken unseres Wissens könnten allenfalls mit Formeln, die wenigstens die eventuelle Möglichkeit und Denkbarkeit bezeichnen, zur Noth ausgefüllt werden. Es muss also auch hier, so dunkel auch das Gebiet sein mag, die Formel gefunden werden, nach welcher es begreiflich wird, wie die Stammesentwicklung auch in den bereits veränderten Formen zum Einflusse auf die embryonale Entwicklung gelangt. So leicht darf es auch durchaus mit dem Darwinismus, der so augenscheinlich den Thatsachen entspricht, nicht genommen werden, und es verlohnt sich in Anbetracht der Bedeutsamkeit dieser Theorie wohl auch, mit allem Aufwande unseres Denkens jene Formel für den Zusammenhang zwischen Ontogenie und Phylogenie ausfindig zu machen.

So wüsste ich denn auch diesen unvermittelten Einfluss der Stammesentwicklung auf die Keimesentwicklung einigermaassen causal, d. h. stofflich zu begründen, wie es wenigstens für den philosophischen Standpunkt, der hier nur die Denkbarkeit im Auge hat, ausreicht.

Im vorigen Capitel habe ich es bereits versucht, das Ver-

erbungsprincip so zu sagen in Formel zu bringen. Die Phasen
der Samenzellenbildung bedeuten. glaubte ich, in derselben Weise
einen nach rückwärts verlaufenden Vorgang wie die Phasen der
Keimesentwicklung denselben nach vorwärts bedeuten.

Nach folgendem Schema:

$$(\alpha \beta \gamma \delta) \text{ Samenzelle}$$

$$\mathfrak{x}\,(\alpha\,abc) + \mathfrak{x}\,(\alpha\,def) + \ldots + (\beta\,abc) + \mathfrak{x}\,(\beta\,mno) + \mathfrak{x} \ldots \text{ erster}$$

$$\mathfrak{x}\,(\alpha\,ABC) + \ldots \mathfrak{x}\,(\alpha\,b\,DEF) \ldots + \mathfrak{x}\,(\beta\,a\,ABC) \ldots \text{ zweiter}$$

Zellen

$$\ldots \ldots \ldots \ldots \ldots \ldots$$

$$\ldots \ldots \ldots \ldots \ldots \ldots$$

und fernerer Differenzirungsphasen,

$$\mathfrak{x}\,(\alpha\,a\,A\,abc) \ldots + \mathfrak{x}\,(\alpha\,b\,A\,abc) \ldots + \mathfrak{x}\,(\beta\,a\,A\,def) \ldots$$

vollendetes Thier.

Ebenso nach rückwärts:

$$\mathfrak{x}\,(\alpha\,a\,A\,abc) \ldots + \mathfrak{x}\,(\alpha\,b\,A\,abc) \ldots \mathfrak{x}\,(\beta\,a\,A\,def) \ldots$$

vollendetes Thier.

$$\ldots \ldots \ldots \ldots \ldots \ldots$$

$$\ldots \ldots \ldots \ldots \ldots \ldots$$

$$\mathfrak{x}\,(\alpha\,a\,ABC) + \ldots + \mathfrak{x}\,(\alpha\,b\,DEF) \ldots + \mathfrak{x}\,(\beta\,a\,ABC) \ldots$$

$$\mathfrak{x}\,(\alpha\,abc) + \mathfrak{x}\,(\alpha\,def) + \ldots \ldots \mathfrak{x}\,(\beta\,abc) + \mathfrak{x}\,(\beta\,mno) \ldots$$

Die Phasen der Samenzellenbildung.

$$(\alpha \beta \gamma \delta) \text{ Samenzelle.}$$

Nun könnte man die durch äussere Umstände bewirkte Umformung des Thieres weiter nur als eine „Differenzirungsphase
annehmen, die ja ohne weiteres in der Aussenwelt ebenso wie
im Mutterleibe gedacht werden kann, und wie wir sie thatsächlich in der Metamorphose der Insecten sich vollziehen sehen;
in der Formel also:

$$(\alpha \beta \gamma \delta) \text{ Samenzelle}$$

$$\mathfrak{x}\,(\alpha\,abc) + \mathfrak{x}\,(\alpha\,def) + \ldots \mathfrak{x}\,(\beta\,abc) + \mathfrak{x}\,(\beta\,mno) + \ldots \text{ erste}$$

$$\mathfrak{x}\,(\alpha\,a\,ABC) + \ldots \mathfrak{x}\,(\alpha\,b\,DEF) \ldots + \mathfrak{x}\,(\beta\,a\,ABC) \ldots \text{ fernere}$$

$$\ldots \ldots \ldots \ldots \ldots \ldots$$

$$\ldots \ldots \ldots \ldots \ldots \ldots$$

Differenzirungsphasen,

$$\text{x } (\alpha \text{ a A abc}) \ldots + \text{x } (\alpha \text{ b A abc}) \ldots + \text{x } (\beta \text{ a A def}) \text{ voll-}$$
endetes Thier,

$$\ldots\ldots\ldots\ldots\ldots\ldots \text{ fernere Differenzirung im}$$
lebenden Zustande,

$$\text{x } (\alpha \text{ a A a ABC}) \ldots + \text{x } (\beta \text{ b B a ABC}) \text{ neue Thierform}$$
nach der Abänderung.

Ebenso nach rückwärts zur Bildung der Samenzelle:

$$\text{x } (\alpha \text{ A a ABC}) + \ldots\ldots + \text{x } (\beta \text{ b B a ABC}) \text{ abgeänderte}$$
Thierformen,

$$\ldots\ldots\ldots\ldots\ldots\ldots\ldots \text{ den Umbildungsphasen ent-}$$
sprechend,

$$\text{x } (\alpha \text{ a A abc}) \ldots + \text{x } (\alpha \text{ b A abc}) \ldots \text{x } (\beta \text{ a A def})$$
nächst spätere Samenzellenbildungsphase entsprechend der ur-
sprünglichen Thierform,

$$\text{x } (\alpha \text{ a ABC}) \ldots + \text{x } (\alpha \text{ b DEF}) \ldots + \text{x } (\beta \text{ a ABC}) \ldots$$
$$\text{x } (\alpha \text{ abc}) + \text{x } (\alpha \text{ def}) \ldots + \text{x } (\beta \text{ abc}) \ldots + \text{x } (\beta \text{ mno}) \ldots$$
$$(\alpha \beta \gamma \delta) \text{ Samenzelle.}$$

So hätte man sich den Verlauf der Differenzirungsphasen vom Urthierchen bis zum Menschen zu denken, welcher sich in der embryonalen Entwicklung jedes Thieres in ganz gleicher Weise bis zu dem betreffenden Grade vollziehen würde. Es gälte nur die eine Voraussetzung, dass die Samenzellenbildung den Differenzirungsverlauf nach rückwärts bedeute. Die Umbildung am lebenden Thiere würde dem gemäss aber nur eine weitere Entwicklungsphase vorstellen. Es versteht sich von selbst, dass auch dabei die Samenzellen der verschiedenen Thiere stofflich von einander verschieden gedacht werden müssten, natürlich jedoch nur so schwach, als im ganzen Reducirungsverlauf von der Verschiedenheit der Thiere noch übrig geblieben wäre, und nur insofern von wirksamer Bedeutung, als sie erst im Entwicklungsverlaufe immer wahrnehmbarer hervorträte, bis sie schliesslich nach vollendeter Entwicklung zu jener abgeänderten Thierform geführt hätte.

Das Grundgesetz der thierischen Organismen bestände nun darin, dass Samenzellenbildung und Samenzellenentwicklung immer nur ein und denselben Verlauf nach vorwärts und rückwärts nehmen können und dass die Umbildungen im lebenden Zustande nur Phasen in dieser Entwicklungskette vorstellen.

So schön bei solcher Voraussetzung alle Vererbungserscheinungen und namentlich der merkwürdige Parallelismus aller embryonalen Entwicklungen, wie auch die wunderbaren Rückbildungen und Umbildungen derselben erklärt wären, so kann doch damit noch nicht der Beweis für den Darwinismus als vollkommen hergestellt betrachtet werden, so lange nicht auch die Kehrseite untersucht wurde, ob nämlich alle diese Erscheinungen nicht auch ausserhalb der Entwicklungstheorie begreiflich sein könnten.

Wir befänden uns also vor der schwierigen Aufgabe, den Beweis der Unmöglichkeit für jede andere Theorie auf Grundlage der besprochenen Erscheinungen zu führen. Wie schwer aber eben der Nachweis des Unmöglichen ist, zeigt uns auffallend genug der Darwinismus durch sich selbst. Hält es ja fortan kein Denkender mehr für unmöglich, dass das ganze grosse Reich der Thiere durch Umformungen und Umbildungen aus den Urthierchen hervorgegangen ist; so viele Gründe haben sich für das anführen lassen, wozu jeder Bedächtige bei der ersten Kunde nur zweifelhaft den Kopf schütteln konnte. Da wo es sich um blosse Auslegung der Thatsachen handelt, sind wir der sichern Führung des Empirismus und der Experimente entrückt, der genaue Einblick in das Werden und in die einzelnen Wechselbeziehungen des Geschehens ist uns heute, so lange der embryonale Entwicklungsgang nach den stofflichen Ursachen in allen Einzelheiten nicht aufgeklärt ist, noch versagt; der Streit bewegt sich immer nur um Gründe, und diese sind von jeher sehr wohlfeil gewesen.

Darum muss vorerst noch untersucht werden, ob der Verlauf der Keimesentwicklung nicht auch unabhängig von der Stammesentwicklung begreiflich erscheinen könnte.

Es dürfte sich praktisch erweisen, jede der Fragen, welche der Annahme getrennter Arten entgegenstehen, einzeln und gesondert ordnungsgemäss zu behandeln. Sie lauten:

1) Wie ist ohne Voraussetzung der Entwicklungstheorie der merkwürdige Verlauf der embryonalen Entwicklung an und für sich zu begreifen? Warum sind hier so namhafte Rückbildungen und Umbildungen zu verzeichnen, wo wir einen directen Verlauf erwarten sollten?

2) Woher schreibt sich die merkwürdige Parallele hin-

sichtlich der embryonalen Entwicklungsphasen innerhalb des ganzen Thierreiches?

3) Woher die eigenthümliche Parallele zwischen Stammes- und Keimesentwicklung?

4) Woher die Rudimente und die dem Gesammtorganismus fremden Elemente, die offenbar thätigen und constituirenden Bestandtheilen minder entwickelter Thierarten entsprechen?

5) Wie erklärt sich die aus der Palaeontologie erwiesene zeitliche Aufeinanderfolge der Thierarten in der Entstehung, entsprechend der Reihe in der vergleichenden Anatomie mit den unauffälligen Uebergängen von Form zu Form?

6) Wie erklärt sich die Parallele zwischen der zeitlichen Aufeinanderfolge in der Entstehung der Arten und jener der Entwicklungsphasen?

Ich habe die Fragen nach dem Grade ihrer Bedeutung an einander gereiht und es wird leicht einzusehen sein, dass die erste Frage bei nur etwas richtiger Auffassung sofort entfällt.

Woraus erhellt denn jene ganze Merkwürdigkeit des embryonalen Entwicklungsverlaufes an und für sich selbst betrachtet? Offenbar nur daher, weil wir gewohnt sind, teleologisch zu denken. Wir fragen, wozu es all der Umwege bedarf und warum es nicht im directen Verlaufe zur Entwickluug dessen komme, was da schliesslich werden soll? Was soll jedoch werden? Nach richtiger Naturauffassung allenfalls nur das, was vermöge der Beschaffenheit und des Vermögens dieser Zelle unter obwalten- den Umständen zunächst werden kann, unbeirrt darin, was das Endresultat eben vorzustellen habe. Es ist völlig verfehlt, der Zelle eine Aufgabe zuzuschreiben, der sie entsprechen muss; sie muss nur mit einem Vermögen gedacht werden, dem sie sicherlich entspricht. Nicht weil dieses Thier werden soll, sind diese Entwicklungsphasen, sondern weil diese Entwick- lungsphasen sind, wird das Thier.

Wie kann aber nach solcher Prämisse fortan noch von räthselhaftem oder unbegreiflichem Verlaufe die Rede sein? Zweifelt wohl Jemand daran, ob die stofflichen Ursachen zu demselben gegeben seien? Wenn nicht, so wär's umsonst, auch die schönsten Theorien zur Enträthselung des Unnatürlichen an- zurufen! Sind sie gegeben, so ist damit auch Alles schon be- griffen und erklärt. Ihr fraget wozu der vielen Umwege? Wozu? Da muss ja dem, der so fragt, irgend ein Ziel vor-

schweben, das erreicht werden soll? Das wäre crasse Teleologie!
Für die reife Naturauffassung existirt kein Ziel a priori.

Wir haben immer nur a posteriori zu constatiren, was sich
aus den gegebenen Bedingungen mit Nothwendigkeit ergeben
hat. In Anbetracht des Zieles darf uns deshalb fortan Nichts
mehr räthselhaft erscheinen, in Anbetracht der causalen Bedingungen jedoch bedarf das Gebiet noch der eifrigsten Bearbeitung.

Ich weiss sehr wohl, dass sich diese Frage vorzüglich auf
die Ursachen dieser Ursachen bezieht. Das Räthsel, meint man,
besteht darin, dass dieses Thier der Zelle eine Beschaffenheit
und ein Vermögen verleiht, die erst auf Umwegen zur Entwicklung desselben Thieres führen. Nicht „wozu?" diese Umwege,
sondern „woher?" bleibe noch immer die Frage.

Und siehe auch in solcher Gestalt kann die Frage nur von
teleologischer Naturauffassung herrühren. Wer nicht teleologisch
denkt, wird die zufällige Nothwendigkeit, sage ich, nicht nur
bis zur Entstehung des Thieres annehmen müssen, sondern diese
sogar bis zur Absonderung der Samenzelle voraussetzen. Wer
da nicht von Zielen und Zwecken a priori ausgeht, der muss
gestehen, dass mit den gegebenen Bedingungen zum Entstehen
des Thieres noch nicht nothwendig die für die Fortpflanzung
desselben gegeben sind. Bei reifer Naturauffassung wird man
es für denkbar halten, dass aus gegebenen Bedingungen Thiere
entstanden wären, die sich nicht fortpflanzen könnten, weil die
Bedingungen fehlten, nach welchen sich von dem Thiere solche
Samenzellen absondern mussten, die vermöge ihrer Beschaffenheit
im Verlaufe mannigfacher Differenzirungsphasen zu solchem
Thiere führten.

Auch das Thier sondert keine Samenzellen ab in der Erfüllung der Aufgabe, sich fortzupflanzen; auch da sind nur verschiedene Vorgänge nach stofflichen Bedingungen zu verzeichnen,
die in der Absonderung von Samenzellen resultiren, ohne Absicht
„wozu", noch in der Bestimmung für irgend eine Beschaffenheit.
A posteriori zeigt sich die Zelle erst mit einem Vermögen zu
solchen Differenzirungsphasen, die zu dem gleichen Thiere führen.
Die Nothwendigkeitslinie, für welche es eben keine Räthsel und
nur Erkenntniss der bestimmten stofflichen Bedingungen giebt,
muss also von der Samenzelle angefangen, durch alle Phasen
bis zur abermaligen Absonderung derselben gedacht werden.

Alles, was sich da vollzieht, vollzieht sich, weil die stofflichen Verhältnisse darnach sind. Woher sich diese Verhältnisse ergeben, ist nach keiner Theorie in allen Einzelheiten ausgeführt.

Wir bringen allzu oft für eine Untersuchung fertige Gewohnheitsbegriffe mit. Der Thierbegriff setzt die Fortpflanzung bereits voraus. Da versteht es sich von selbst, dass das Thier Samenzellen für diese Fortpflanzung erzeugt, und wir fragen: Warum geschieht die Entwicklung dieser Zellen auf solchen Umwegen? Indessen haben wir hier nicht den Thierbegriff, sondern ein stoffliches Gebilde in Betracht. In diesem Gebilde entstehen Ei- und Spermazellen. Diese Zellen zeigen im Verlaufe vermöge innerer Beschaffenheit mehrere Differenzirungsphasen. Diese Phasen schliessen mit dem Thiere ab. Was berechtigt uns zur Frage, warum diese Phasen so und nicht anders sind? Kennt man so genau die stofflichen Eigenschaften und Bedingungen der Ei- und Spermazellen? Hat etwas anderes zu geschehen, als das, was diesen stofflichen Bedingungen entspricht? Vergesset nur, dass ein Thier werden soll, da dies nur zufällig entsteht, und die Räthsel sind nicht mehr.

Dennoch weiss ich sehr wohl, dass wir uns stets, so sehr auch unsere Naturbegriffe aufgeklärt sein mögen, an einer gewissen teleologischen Richtschnur halten werden. Die teleologische Naturauffassung mag in der Theorie ihres Thrones beraubt werden, im Praktischen hat sich die Frage „wozu", in „welcher Absicht" immer noch höchst segensreich und verwendbar gezeigt. In schwachen Stunden vergisst auch zuletzt der beste Theoretiker seine schönsten Grundsätze, die überzeugenden Drüsen, Muskeln und Darmstücke, im Erfassen all des Planmässigen und Wundervollen bei so zarten und bald wieder mächtigen Gebilden. Dann wird es ihm gar bange vor seiner eigenen Höhe; und selbst ein Baer, dessen Aufklärungen wir so viel von unserer Reife verdanken, lässt sich das Geständniss einer gewissen Zielstrebigkeit ablocken.

Ich meinerseits kenne kein Schwanken, wohl aber in Allem und Jedem eiserne Consequenz. In einem späteren Capitel soll es mir auch obliegen, darzustellen, wie ich in meiner Weise inmitten der Fülle harmonischer Wechselwirkungen in völliger Verneinung der teleologischen Naturauffassung bis zur Höhe der Anthropogenie emporstrebe. Da wird es sich auch zeigen, dass wir bei alledem dennoch mit vollem Rechte die Zweckmässigkeit zur Führerin unserer Forschung machen dürfen.

Darf uns jedoch der indirecte und eigenthümliche Entwicklungsverlauf des Embryo selbst in Anbetracht der Zweckmässigkeit so unerklärlich erscheinen? Darf es uns selbst vom rein mechanischen Standpunkte so auffallend erscheinen, dass etwas erst auf dem Umwege vorübergehender Formen zu der in Absicht stehenden Form gelangt? Da, wo wir in voller Absicht nach vorhergehender Berechnung handeln, bei geometrischen Constructionen nämlich, finden wir uns oft genöthigt, in erster Reihe Nebenzeichnungen zu construiren, um die beabsichtigte Figur zu finden.

Wer wollte an dem fertigen Pallaste erkennen, welche Vorarbeiten nöthig waren, bevor es an den eigentlichen Bau ging, welche Bestandtheile ohne Endabsicht aus keinem anderen als aus dem einfachen Grunde der Ausführbarkeit unserer Absicht eingefügt werden mussten? Und das wird doch wohl jeder bereitwillig zugestehen, dass die Zweckmässigkeit über die stofflichen Bedingungen nicht erhaben sein kann. Die Umwege und Weitläufigkeiten, die in der Natur zur Ueberwindung stofflicher und natürlicher Schwierigkeiten vorkommen, müssen gerade von diesem Gesichtspunkte aus noch mehr als sonst zweckmässig befunden werden. Nun mag es ja wahr sein, dass die Nerven sich darum früher entwickeln als das Gehirn, weil auch in der Stammesentwicklung das Gehirn später auftritt. Es kann aber auch wahr sein, dass durch die Wechselwirkung mit der äusseren Umgebung zuerst jener Reiz entstand, welcher den Anstoss dazu gab, dass sich die Oberhaut zu Nervenzellen differenzirte, und dass sich erst nach dem Bestande eines Verkehres mit der Aussenwelt das Centralnervensystem, das Gehirn, organisch entwickeln konnte. Diese Aufeinanderfolge, die vom causalen Standpunkte nothwendig erscheint, ist auch äusserst zweckmässig. Wenn wir die zwölf Nervenpaare, wie sie vom Gehirne ausgehen, des Näheren untersuchen, so überzeugen wir uns, dass sie alle einem Systeme von motorischen und sensiblen Nerven entsprechen, wie sie auch peripherisch thatsächlich an einander nahe rücken.

Darnach wäre anzunehmen, dass diese Nerven in den passenden Verhältnissen sich von der Peripherie aus entwickelt haben, und nur an ihren Endpunkten im Gehirn sich zerstreut haben.

Die Zersplitterung, wie sie sich hier im Betreffe der Ursprungs-
stellen im Gehirne ohne Bedeutung zeigt, wäre offenbar ebenso
leicht in dem Endverlaufe an der Peripherie zum grossen Schaden
vorgekommen, wenn die Nervenbildung vom Centralorgane aus-
gegangen wäre. Die Sammlung des Vielfachen in dem durch
sich ·selbst bewirkten Centralorgane ist immerhin auch zuver-
lässiger, als das Anstreben genau bestimmter Punkte nach den
mannigfachsten Richtungen.

Ebenso mag es ja sein, dass sich die Gliedmaassen erst in
den späteren Phasen entwickeln, weil sie auch spätere Phasen
der Stammesentwicklung sind. Indessen ist es auch begreiflich, dass zu solchen Theilungen und Abzweigungen in der
Differenzirung gewisse Nervenanregungen beitragen, deren Zu-
standekommen demgemäss nothwendig vorangehen musste.
Und wie augenscheinlich wird uns die Nothwendigkeit vorübergehender Formen durch die späten Veränderungen, die an den
grossen Blutgefässen und den Lungen betreffs der Blutcirculation
vorkommen. Zu demjenigen Leben, welches als Vorbedingung
der Entwicklung gewisser Organe nöthig ist, gehören oft jene
Organe selbst. Es sind gewisse Organe da, die erst werden
können, wenn jene Thätigkeit früher eingetreten ist, die von
jenen Organen selbst abhängig ist. Wie soll dieser Schwierigkeit begegnet werden? Wodurch anders, als dass Hilfsorgane
entstehen, die vorübergehend in der erforderlichen Weise wirksam
sind, wie hier Organe, die den Blutkreislauf in erster Zeit, auf dem
Umwege durch den Kreislauf der schwangeren Mutter vermitteln.

Man erwäge deshalb, dass ein directer Verlauf der Keimesentwicklung ohne vorübergehende Formen, Reducirungen und
Umbildungen schon in sich selbst vermöge der Natur der Sache
vielfach unmöglich ist.

Solche Umstände müssten daher allerst reiflich erwogen
werden, ehe die Räthsel der embryonalen Entwicklung aufgestellt werden könnten. Und da will ich ein Moment hervorheben auf das im Hinblicke auf den Darwinismus Bedacht genommen werden muss. Eine. Theorie kann uns nach zwei
Richtungen empfehlenswerth erscheinen. Erstens, insofern sie
uns die in ihren Kreis gezogenen Erscheinungen ausreichend
erklärt; in dieser Hinsicht muss dem Darwinismus volle Anerkennung zu Theil werden. In zweiter Reihe empfiehlt sich aber
auch eine Theorie dadurch, dass sie neue Forschungsgebiete an-

regt! Und siehe, da könnte eine irrige Auffassung der Entwicklungstheorie von der interessantesten Forschung abhalten.
Ohne diese Voraussetzung würden wir uns vielleicht bemühen,
die Aufeinanderfolge der Entwicklungsphasen, die merkwürdigen
Umbildungen und Rückbildungen an und für sich in ihrem inneren
Zusammenhange zu erkennen — und der existirt! — nach einer
falschen Auffassung des Darwinismus dürften vielleicht Viele
glauben, dass alles schon erklärt sei, da es ja so offenbar der
Stammesentwicklung entspricht.

Warum kommt der menschliche Unterkieferknochen ursprünglich getheilt zur Entwicklung? Weil dieser Knochen bei den
Thieren eben immer aus zwei Stücken besteht. Ohne jedoch
den Darwinismus misszuverstehen, würde man ausser dieser
idealen Ursache gewiss auch irgend einen Knotenpunkt oder
sonst eine stoffliche Ursache, wodurch diese Theilung causal begründet erscheint, suchen und hoffentlich auch finden.

Hat man sich also über die erste Frage hinweggesetzt,
so hat es auch weiter bezüglich der zweiten Frage keine besondere Schwierigkeit mehr.

Wenn nämlich anerkannt wird, dass die zweckmässige Ueberwindung stofflicher und sonstiger aus der Natur der Sache sich
ergebender Hindernisse mannigfacher Umwege und Hilfsgebilde
bedarf, dann sind auch Rudimente an und für sich so lange
nicht unbegreiflich, als uns die genaue Kenntniss der causalen
Bedingungen für den ganzen Entwicklungsverlauf des Embryo
abgeht. Man verfalle nur nicht in den Fehler teleologischer
Auffassung, und halte auch dann noch daran fest, dass sich selbst
die allmächtigste Weisheit nur innerhalb der stofflichen Bedingungen geltend machen könnte. Dass Umbildungen und Rückbildungen im Verlaufe der Keimesentwicklung nothwendig werden
können, begreifen wir bereits. Dann aber wird es gewiss ebenso
begreiflich sein, dass die Rückbildung nicht immer ermöglicht
sei, und dass demnach Rudimente oder Elemente zurückbleiben,
denen in dem vollendeten Organismus weiter keine Function zukommt. Am herrlichsten und zugleich zweckmässigsten Pracht-
bau dürfte uns die Aufklärung selbst des sinnreichsten Bau-
meisters hinsichtlich eines auffälligen Bestandtheiles bloss auf
die Zweckmässigkeit in Anbetracht der Ausführung verweisen,
bei welcher die Zweckmässigkeit der Verwendung wohl hintenan
gesetzt erscheinen mag. Ja, ich kann es mir sogar denken,

dass an einem vollendeten Bau auch nicht einmal alle Spuren des ehemaligen Baugerüstes zu entfernen wären!

Nach solcher Auffassung muss nun fortan auch die Beantwortung der dritten, vierten und fünften Frage sehr leicht fallen.

Die merkwürdige Parallele in der Ontogenie aller Thiere bis zu jenem Grade, den sie in der Vollkommenheit erreichen; die merkwürdige Parallele zwischen der Ontogenie und der nach der vergleichenden Anatomie aufgestellten Phylogenie kann wohl noch eine andere Auffassung zulassen.

Es wird in Betreff dieser ausserordentlichen Erscheinung ein Zweifaches zu beachten sein. Erstens muss unbedingt zugestanden werden, dass zur Bedingung eines thierischen Organismus wesentliche Bestimmungen gehören. Dass irgend ein Gebilde Thier sei, ist an gewisse Bedingungen geknüpft, wodurch sowohl die Möglichkeit des Entstehens als auch die des Bestandes der Thiere wesentlich eingeschränkt erscheint. Da der thierische Organismus an gewisse bestimmte Bedingungen gebunden ist, so versteht es sich von selbst, dass weder jede Beschaffenheit für die des Thieres genügt, noch jede Entwicklung zu der des Thieres führen kann. Damit ist so viel gewonnen, dass gewisse Grenzen angenommen werden müssen, innerhalb welcher allein sowohl der Bestand als auch die Entwicklung der Thiere möglich ist. Die Grundbedingung des thierischen Lebens besteht in einer gewissen Vernünftigkeit, wie ich es nennen möchte; das heisst, einem harmonischen Systeme von Wechselwirkungen zwischen Sinneswahrnehmung und Reflexbewegungen, welches den Eindruck sich selbstbestimmenden und zweckmässigen Handelns hervorruft.

Zum Werden eines solchen Gebildes sind sicherlich gewisse Bedingungen hinsichtlich der Entwicklung erforderlich, die absolut für das ganze Thierreich allgemein giltig sein müssen. Daraus ergiebt sich bereits eine gemeinschaftliche Linie, welche die Ontogenie aller Thierarten einzuhalten hätte. Was hier bezüglich des Gesammtthierreiches gilt, muss auch für die Thierarten in Anspruch genommen werden, die einem bestimmten Typus entsprechen.

Auch dieser Typus wird von gewissen Bedingungen sowohl hinsichtlich des Bestandes als auch hinsichtlich der Entwicklung abhängig sein, woraus sich in gleicher Weise gemeinschaftliche Entwicklungslinien für jeden Typus insbesondere ergeben müssen.

Wird ferner angenommen (mit welcher Berechtigung, soll noch später erörtert werden), dass mit steter Ausscheidung der nächst früheren Typen ein stetiges Zunehmen an gemeinschaftlichen Bestimmungen, somit auch an gemeinschaftlichen Bedingungen für die übrigen gegeben ist, so werden auch fort und fort so viele gemeinschaftliche Entwicklungslinien zu verzeichnen sein, als mit jeweiliger Ausscheidung eines Typus noch eine Zunahme an Gemeinschaftlichkeit für die übrigen Gruppen zu verzeichnen ist.

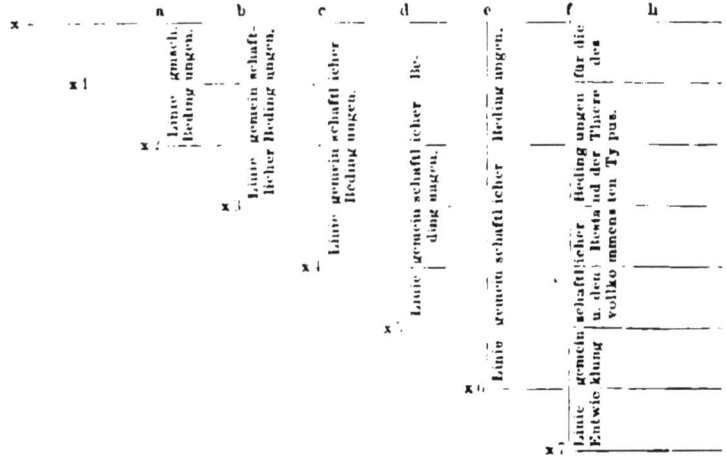

Wenn „x" die gemeinschaftliche Entwicklungslinie, entsprechend den gemeinschaftlichen Bedingungen der Gruppen a + b + c + d + ... in Summa des Gesammtthierreiches bezeichnet, so wird ebenso die kürzere „x_1" die gemeinschaftliche für den um die Gruppe „a" verminderten Ueberrest vorstellen können, wobei angenommen wird, dass mit Ausscheidung der Gruppe „a" der Umfang des Gemeinschaftlichen für die Gruppen b + c + d + e .... grösser genommen werden darf. Der Parallelismus begriffe sich wohl dann von selbst, wenn es nur erst einleuchten dürfte, dass ohne Voraussetzung der Entwicklungstheorie der Kreis der gemeinschaftlichen Bestimmungen respective Bedingungen bei steter Ausscheidung einer je frühern Gruppe zunehmen müsste. Diesbezüglich verlangt es sich daher, unsere Aufmerksamkeit noch auf ein zweites Moment zu lenken. Die Natur drängt einmal einerseits nach ausgedehntester Erweiterung der Combinationen ihrer stofflichen Gebilde, andererseits sucht sie aber ebenso die einfachsten, wie die verwickeltsten Combinationen durch zahllose Vervielfältigungen zu verewigen. Mit diesem räthselhaften Drängen muss man sich durchaus nicht etwas Teleologisches und Geheimnissvolles vereinigt denken; es geht dabei Alles ganz natürlich — sagen wir rein stofflich — zu, und das „Wie" zu begreifen fällt nicht schwer. Vermöge der ewigen Anziehung und Abstossungskraft, vermöge des ewigen Austausches von lebendiger und Spannkraft erreicht die Natur in keinem Gebilde einen Stagnationspunkt. So bleiben für alle Combinationen noch ferner die Bedingungen weiterer Differenzirung und weiterer Verbindungen bestehen. Die Bedingungen, die die Elemente „a" und „b", „c" und „d" zu den Combinationen (ab) und (cd) brachten, hören nicht auf und können somit die Combinationen (ab) und (cd) zu der Combination des zweiten Grades [(ab) (cd)] bringen. Damit ist das Princip ewigen Fortschrittes gegeben. Die Natur würde sich auch fort und fort von Gebilde zu Gebilde bis zum Chaos wieder entwickeln, wenn der Allmächtige — sagen die alten Talmudisten, zur Erklärung des Wortes Schadai — nicht zugerufen hätte Dai! Genug! — wenn sich mit dem Gebilde nicht in zufälliger Nothwendigkeit die bindende Gegenkraft mit entwickelt hätte — sagen die Naturforscher!

Denken wir uns nun das Menschengebilde als die vollkommenste und verwickelteste Combination stofflicher Elemente, so kann man mit Recht sagen, dass die Natur zu solchen Gebilden hinstrebt; denn, da im Stoffe die Bedingungen zu dieser Combination gegeben sind, so wird der Stoff aus sich selbst hinaus zu derselben hindrängen, wenn die Umstände dieses Drängen nicht einhalten. Nun entsteht die erste einfachste Combination, — der Anfang der Menschentwicklung! da hemmen die Umstände den weiteren Entwicklungsverlauf. Es hat für diesmal mit dieser primitiven Combination sein Bewenden. Diese Combination ist aber zufällig ein lebendiges fortpflanzungsfähiges Gebilde, ein bestandesfähiges Thier, darum wird es in zahlloser Menge vervielfältigt, bleibt es als Thierart bestehen. An einem andern Orte zu einer andern Zeit entsteht die gleiche Combination, dort und damals hemmen die Umstände nicht, es entwickelt sich zur Combination des zweiten, dritten, vierten Grades; da endlich greifen auch hier die Umstände

hemmend ein, glücklicherweise auch hier ein lebendiges fortpflanzungsfähiges Thier zurücklassend. Und so geht es fort,
ich muss es nicht erst in allen Einzelheiten ausführen, bis zur
höchsten Stufe der Entwicklung, zu der des Menschen, mit Zurücklassung zahlreicher Abstufungen an Gebilden, d. h. an Thieren,
entsprechend den jeweiligen Hemmungen. Der Entwicklungs-
begriff, der hier so oft in der Darstellung gebraucht wurde,
unterscheidet sich offenbar wesentlich von dem Entwicklungs-
begriffe, wie er im Darwinismus aufgefasst werden muss.

Wir constatiren hier für jede Thierart einen neuen Ansatz
in der Entwicklung, alle aber in derselben Richtung, nach denselben Bedingungen, mit der blossen Unterscheidung nach der
Länge und Kürze des Verlaufes. Der Parallelismus in der embryonalen Entwicklung aller Thierarten und derjenige zwischen
der Ontogenie und der nach der vergleichenden Anatomie zu-
sammengestellten Phylogenie ergiebt sich dabei von selbst, und
zwar ohne Zuhilfenahme eines geheimnissvollen Zusammenhanges,
auf Grund der eigenen stofflichen Bedingungen.

Man wird wohl gegen all das Vorgebrachte einwenden
mögen, dass die Gründe fehlen, nach welchen wir den jeweiligen
Anfang der Entwicklungslinie von demselben Punkte aus, d. h.
immer von derselben ersten Combination nehmen müssten, und
warum überhaupt nicht mit der Möglichkeit der Abweichung
auch inmitten der zahlreichen Entwicklungslinien gerechnet
werden müsste? — Umstände genug, die dem allgemein giltigen
Parallelismus entgegen ständen.

Nun haben wir aber schon früher darauf aufmerksam gemacht, dass der Thierbegriff gewisse Bedingungen erheischt, und
darum wird man wohl zugestehen dürfen, dass die Entwicklung
verschiedenartige Ausgangspunkte nehmen könne, ob aber alle
dann noch zur Entwicklung eines Thieres führen werden, wird
man billiger Weise bezweifeln dürfen, da Letzteres nur unter
bestimmten Bedingungen Platz greifen kann, — um den skru-
pulösesten Denker zu befriedigen!

Man versetze sich in der Vorstellung an den Anfang aller
stofflichen Entwicklung. Die Bedingungen zur Entwicklung
eines Menschen sind gegeben, — wir wissen ja, dass er geworden ist — die primitivste Combination wird in zahlloser
Menge nach dieser Richtung und zwar zwischen ähnlichen Entwicklungslinien von anderem Ausgangspunkte und anderen Rich-

tungen stattfinden. Gewiss werden nicht alle Combinationen in der Entwicklung das Endziel erreichen. Früher oder später erfahren die meisten eine Hemmung, wo sie stehen bleiben, vollkommen oder minder vollkommen, je nachdem die Hemmung früher oder später eintraf. In gleicher Weise hat es sich mit Combinationen anderer Art, nämlich mit anderem Ausgangspunkte zugetragen. Ich frage, wird sich die Gruppe von Bildungen, die auf der Entwicklungslinie zum Menschen entstanden sind, nicht wesentlich von allen anderen Gruppen als ein Besonderes, Eigenthümliches und Einheitliches abheben und genau unterscheiden lassen? — — — —. — Das ist das Thierreich!!! In solcher Weise muss es aber dem bestehenden Parallelismus entsprechen.

Dass auf der langen Strecke dieser Entwicklungslinie trotz des durch gewisse Bedingungen beschränkten Gebietes dennoch mannigfache Abzweigungen, die den absoluten Parallelismus stören, vorkommen können, gestehe ich gerne zu, wie es ja auch vom Darwinismus zugestanden werden muss.

Auch der Stammbaum des Darwinismus hat solche Abzweigungen aufzuweisen, die aus der allgemeinen Parallele heraustreten, wie wir durch den ersten Blick auf den Stammbaum seiner Entwicklungstheorie bestens belehrt werden.

Es bedarf nunmehr gewiss keiner weiteren Ausführung, um die unauffälligen Uebergänge von Form zu Form, wie sie uns so eindrucksvoll von der vergleichenden Anatomie dargestellt werden, zu begreifen. Ich will nur hervorheben, dass die Uebergänge um so weniger auffällig sein müssen, als das Gebiet zur Entwicklung der Thiere durch die bestimmten Bedingungen enger gezogen ist, und die Arten zahlreicher sind. Durch Bestimmungen, welche allenfalls dem Thierbegriffe zukommen, wird der Umfang begrenzt; je zahlreicher nun innerhalb desselben die Arten sind, desto enger kommen diese aneinander, desto häufiger müssen sie sich sogar vielfach decken und gemeinschaftliche Unterordnungen ergeben.

Immerhin bleibt jedoch für den Darwinismus in der Palaeontologie noch ein bedeutungsvolles Zeugniss, dem es allein wohl zuzutrauen ist, dass es alle die verlorenen Positionen wieder zurückerobert.

Die Palaeontologie, und das ist der Inhalt der sechsten Frage, hat uns über die zeitliche Reihenfolge, in welcher die

Thierarten nach einander entstanden sind, reichlich aufgeklärt
und den merkwürdigen Parallelismus noch nach einer dritten
Richtung ergänzt. Sie zeigt uns die Entwicklung der Thierarten in derselben Reihenfolge, wie sie sich in den ontogentischen
Entwicklungsphasen, entsprechend der Aufeinanderfolge von Uebergangsformen, in der vergleichenden Anatomie wiederholen. Nach
Allem, was aber bis jetzt für den natürlichen Zusammenhang der
verschiedenen Thierarten ohne Voraussetzung ihrer Entwicklung
auseinander vorgebracht wurde, würde es nicht einleuchten, dass
diese Arten auch in der Zeit je nach dem Grade ihrer Vollkommenheit nach einander erscheinen mussten. Nehmen wir an, dass
die durch äussere Umstände bewirkten Hemmungen den jeweiligen
Stillstand der Entwicklung bei irgend einer Thierart bewirkten,
so ist anzunehmen, dass diese hemmenden Umstände allererst
ebensowohl den Entwicklungsverlauf später als auch früher treffen
konnte, dass wenigstens nicht durchgehends die mindere oder
grössere Vollkommenheit der früheren oder späteren Entstehungs-
zeit entsprechen müsste. Nur nach der Voraussetzung der Entwicklung auseinander ergiebt sich so zu sagen die ge-
bundene Marschroute in der zeitlichen Reihenfolge.

Diesem Momente gegenüber handelt es sich demnach nur
darum, ein Abhängigkeitsverhältniss für die Aufeinanderfolge der
Thierarten in der Zeit anzugeben, auch wenn diese an sich
unabhängig von einander entstanden wären. Um aber dieses
gesuchte Abhängigkeitsverhältniss auch für die freie Entstehung
der Thiere aus der allgemeinen Natur der Dinge herzuleiten,
stelle ich zuvörderst nur eine Frage auf: Hielte man es für
möglich, dass die Thiere vor einem reichhaltigen und ausgiebigen
Pflanzenwuchse entstanden wären? Hielte man es namentlich
nach den heutigen unbezweifelbaren Erkenntnissen unseres Erd-
körpers für möglich? Warum nicht?

Offenbar nicht, und schon darum nicht, weil allererst die
Atmosphäre von Kohlensäure in ausgedehntestem Maasse be-
herrscht war, die durch den vorhergehenden Pflanzenwuchs,
für den diese ein nothwendiges Element abgab, zersetzt werden
musste, um das Lebenselement der Thiere, den Sauerstoff frei
zu machen. Daraus allein erhellt wohl schon ein ganz positives
Abhängigkeitsverhältniss für die bedingte Zeitfolge alles Entstehens, wenn auch von directer Abstammung ganz und gar
nicht die Rede ist. Denn diese Erkenntniss ragt weit über das

blosse Verhältniss der Pflanzenwelt zur Thierwelt hinaus; sie muss, denke ich, für den Entwicklungsverlauf der ganzen Organisationswelt festgehalten werden; sie wird auch einst bei weit mehr vorgeschrittener Naturkenntniss das maassgebende Licht über den Zusammenhang und die Einheit aller organischen Welten verbreiten.

Was die Pflanzenwelt für die Thierwelt in dem angegebenen Sinne war und noch heute .ist, das gelten auch in demselben Sinne ganze Thierklassen für andere Klassen innerhalb desselben Reiches. Diese Arbeitstheilung hinsichtlich der Stoffbereitung, will ich es nennen, kommt auch innerhalb der einzelnen Arten des Pflanzenreiches vor. So bereitet ja der Anbau einer Pflanzenart häufig den Boden zur besseren Erträglichkeit für andere Pflanzenarten vor, und ebenso scheinen im weiteren Sinne die Thiere minderer Art Bedingung der Thiere höherer Art zu sein.

Längst ist es bekannt, dass im ganzen Bereich der Natur kein einziges Atom und auch nicht das kleinste Maass an Kraft verloren geht, dass sich in allem und jedem die Stoffe nur lösen und verbinden, die Kräfte nur umsetzen, wonach die jeweiligen früheren Geschlechter noch in einem ferneren Sinne die Erzeuger der späteren Geschlechter werden. Der Kampf um's Dasein beginnt auch nicht erst im Leben, durch den Erhaltungstrieb der Thiere; er beginnt bereits zur Zeit der Entstehung und Entwicklung im Verbrauche und durch die Constellation der Stoffe.

An dem Aufbau der Welt müssen ein- für allemal viele Factoren mitarbeiten. Jede Art des organischen Bestehens ist nicht nur von dem Bestande eines Ernährungsgebietes innerhalb der anderen Arten abhängig, sondern auch hinsichtlich der Stoffbereitung zum Behufe des Entstehens und der Entwicklung.

Die Stoffe, aus welchen sich irgend ein Thiergebilde zusammensetzt, und in welche es durch Analyse zerlegt werden könnte, werden auch nicht gerade in directer Verbindung jenes Thiergebilde geben, wenn sie nicht durch bestimmte Primärverbindungen zuerst die Qualification zu dem erforderlichen Differenzirungsvermögen erhalten. Und wie mannigfach erweisen sich auch die vorbereitenden Verbindungen zu einer bestimmten Qualification! Je complicirter, eigenartiger ein Organisationsgebilde ist, um so mannigfacher und reichhaltiger an Abstufungen stellt sich diese Vorbereitung heraus. Ja die Verbindung nur zweier und

5*

zwar derselben Stoffe, dürfte einen wesentlich verschiedenartigen
kürzeren oder längeren Entwicklungsverlauf nehmen, je nachdem
das Aequivalent des einen oder anderen Stoffes vermehrfacht oder
vermindert sein soll. Wenn 10 oder 12 oder 6 Theile Kohlenstoff
respective Wasserstoff verbunden sein sollen, ist es nicht in der
Weise herzustellen, dass da 10 oder 12 oder 6 Theile unmittelbar
in Verbindung gebracht werden. Es wird vielmehr zumeist ein
stufenweiser Gang einzuhalten sein in der Weise, dass zuerst eine
Verbindung mit x Theilen, eine andere mit y Theilen eingeleitet
wurde, welche erst im Zusammen die Verbindung mit $(x+y)$ Theilen
ergeben, die wohl erst als binäre Verbindung sich mit z Theilen
verbinden könnte, woraus sich endlich die eigenthümliche Verbindung jener $x + y + z = n = 10$ oder 12 oder 6 Theilen
ergeben würde. Noch auffälliger erkennen wir die Complicirtheit
der Vorgänge zur Bildung eines solchen bestimmten chemischen
Gebildes, wenn wir bedenken, wie umständlich die chemischen
Darstellungen schon in der anorganischen Chemie vorkommen.
Um nur die Schwefelsäure in gewisser Beschaffenheit herzustellen,
musste vorher eine Verbindung von Wasserstoff und Sauerstoff
für sich, ferner eine von Stickstoff und Sauerstoff und schliesslich
eine von Schwefel- und Sauerstoff gegeben sein, welche im Zusammenwirken erst auf solchen Umwegen die verlangte Schwefelsäure entstehen lassen.

Wenn nun für die organischen Gebilde, für welche keineswegs ein chemisches Laboratorium nach vorhergehendem Plane
absichtsvoll eingerichtet ist, wenn nun für diese nur auf dem
Wege organischer Differenzirungen diese eigenthümlichen Verbindungen vorbereitet werden sollen, wer wird es nicht begreiflich finden, dass oft ein ganzes Reich von Geschöpfen als vorher-
gehende Bedingung von besonderen Thierarten betrachtet werden
kann. Demnach hätte man die Bildung von Pflanzen und Thierarten ebensowohl als deren Auflösungsarten als ebenso viele
Operationen, welche die Vorbereitung der Stoffe für die eine
oder andere Thierart bewerkstelligen, zu betrachten. Und welch
merkwürdigen Einblick in das grossartige Spiel der reichhaltigsten
Wechselwirkungen und Beziehungen müsste eine klare Erkenntniss alles dessen, was und wie es sich da vollzieht, gewähren.
Unter solchem Lichte betrachtet, gewinnt auch jenes ungeheure
Heer der kleinen Thierchen eine ganz besondere Bedeutung, und
ich wäre wahrlich nicht geneigt, hinsichtlich der Frage, wozu

der liebe Gott Fliegen und Spinnen erschaffen hat, bloss auf jenes naive Geschichtchen eines Flüchtlings zurückzukommen, der diesen in wunderbarster Weise seine Lebensrettung zu verdanken hatte. In ihnen vollzieht sich unbezweifelbar eine wesentliche Vorarbeit zur Bildung kommender Geschlechter. Wir kennen bereits die Bedeutung solcher Thierchen hinsichtlich der Erdformation. Der Geologe hat mit deren Absonderung von Kalk, Kieselstoffen u. s w. bedeutend zu rechnen; und der Chemiker hätte weiter keine Notiz von ihnen zu nehmen? Füllen sie nicht Erde, Luft und Wasser? Ist nicht von ungeheurer Tragweite ihre Consumirung an Stoffen beim Ent- und Bestehen und ebenso massenhaft ihre Ablieferung beim Vergehen? Und ist nicht dennoch immer das Maass aller Stoffe, ob sie werden oder vergehen, bis auf's kleinste Atom dasselbe? Sind die Stoffe, die sie consumiren, nicht wesentlich verschieden von denen, die sie an's Weltall zurückgeben? Und steht die Weltentwicklung still, während des Verlaufes, durch welchen die Ursprünglichkeit der veränderten Stoffe wieder hergestellt wird? Oder muss es nicht vielmehr durch beständiges Werden und Vergehen im Kreisgange zum Ausgangspunkte gelangen? Wie wäre aber dann dieses Fortschreiten von Werden zu Werden anders, als durch das Fortschreiten von Gebilden zu Gebilden zu erklären? Kein Kenner der Natur bezweifelt es, dass von dem unveränderlichen Vorrath an Stoffen alles Leben seinen Unterhalt bezieht, und dass das Erbtheil alles Lebens ganz und voll wieder an eben und denselben Vorrathsschatz zurückfällt. Dann lässt es sich gewiss nicht annehmen, dass die Ablieferung des Darlehens bei solcher Weltharmonie im Chaos und durcheinander geschieht. Gewiss nicht! Es ist eine Belehnung von Hand zu Hand, welche allenthalben durch ein Stück Arbeit b e z a h l t werden muss. Alles wird in gebildeter Form übernommen, in umgearbeiteter wieder abgeliefert. Wohl mag hie und da irgend ein Schwanken vorkommen, das sofort zum Gleichgewichte zurückkehrt; selten aber. ohne Erschütterungen, Verderben, Pest, Seuche u. s. w. bewirkt zu haben.

Wohl mag sich auch im unübersehbaren Reiche der Vermittelungsarbeiten, an welchem Alles und Jedes in seiner Weise theilnimmt, so manche Umgestaltung im ruhigen Verlaufe vollziehen. — Ganze Thier- und Pflanzenarten sterben aus, schrumpfen auf ein Minimum zusammen! — Das darf uns jedoch weiter

nicht beirren, da im Allgemeinen das gleiche Verhältniss auch
bei manchen Veränderungen, Reductionen und Erweiterungen
der Arbeitsvertheilung bestehen bleiben kann.

Aus allen diesen Gründen erkennen wir klar, dass kein
Bestandtheil der Natur ohne Zusammenhang mit dem Ganzen
denkbar ist. Die verschiedenen Pflanzen und Thierarten stehen
untereinander in dem ähnlichen Abhängigkeitsverhältniss, wie
Säemann, Schnitter, Müller und Bäcker, wobei eines für den andern gewisse Vorarbeiten in Bereitung der Stoffe vorher zu ver-
richten hat. Das Medium der Vermittlung für die Entlehnung
und Ablieferung der Stoffe ist gewiss äusserst mannigfach. Gewiss
müssen hier noch ausser dem Ernährungs- und Athmungsprocesse
noch andere physikalische Einwirkungen, z. B. elektrische Spannung
u. s. w. wesentlich in Betracht kommen.

Gilt nun dieses noch heute für die Zeit der völligen Ausbreitung des organischen Lebens, um wie viel mehr für die
Urzeit, wo zur Zeit der ersten Entwicklung jene massenhaften
Stoffumwandlungen in Zersetzung und Verbindung stattgefunden
haben musste.

Wir können uns auch ohne darwinistisches Princip die Entstehung der Arten hinsichtlich der Zeitfolge nicht unabhängig von
einander denken. Offenbar mussten die später folgenden Arten
von der Vorbereitung der stofflichen Constellation bedingt sein,
und zwar in einem Maassstabe, dessen Tragweite uns aus der
Massenhaftigkeit des ersten Pflanzenwuchses, der ersten Stoff-
umwandlung ersichtlich wird. In gleicher Weise hätten wir es
dann mit allen den Kiesel und Kalk ausscheidenden Thieren zu
nehmen, wonach auch der Zeitpunkt, wo behaarte und befiederte
Geschöpfe auftraten, nicht so ganz zufällig ohne Zusammenhang
mit den früheren Arten sich ergab. Die erste Combination der
Stoffe, die an und für sich in der uneingeschränkten Entwicklung
bis zum Menschen führen könnte, sagten wir, müsse naturgemäss
in jeder Phase gehemmt worden sein; jetzt wüssten wir nunmehr
die Natur dieser Hemmung zu bestimmen: Sie entstand aus dem
Mangel stofflicher Vorbedingungen! Selbst der Darwinismus
wird nicht umhin können, für die Zeitfolge in der Entstehung
der Arten ähnliche Momente zu beachten; ob sie nicht ganz
hinreichen, lässt sich nach dem heutigen Standpunkte der Wissenschaft nicht mit Sicherheit sagen und darum der vollgiltige
Beweis für den Darwinismus auch diesbezüglich nicht aufrecht

erhalten. Obwohl sich nun der Darwinismus unbezweifelbar von allen den besprochenen Momenten eindringlich empfiehlt, so kann doch nach allen den erwähnten Umständen von einer vollständigen und zwingenden Beweisführung nicht die Rede sein, weil alle hier in Betracht kommenden Erscheinungen auch ohne Annahme des Darwinismus wenigstens nicht unbegreiflicher erscheinen als mit Annahme desselben. Was soll nun demnach geeignet sein, uns für die Entwicklungstheorie mit überzeugender Gewalt zu bestimmen? Das zu beantworten, sei Aufgabe des folgenden Capitels.

Drittes Capitel.

Die Nothwendigkeit der Entwicklungstheorie; der Häckelismus.

Es ist vergebens! wir entgehen dem Darwinismus nicht! Und darin besteht eben dessen grossartige Bedeutung.

Die eifrigsten Bemühungen gegen denselben müssen so recht allererst zu ihm führen. Wie will man anders auch den Darwinismus widerlegen, als dass man die betreffenden Erscheinungen naturgemäss ohne dessen Voraussetzung erklärt. — Naturgemäss! Nun denn, das ist eben der Gipfelpunkt der Entwicklungstheorie!

Von diesem Gesichtspunkte aus ist mir wenigstens die Anthropogenie in ihrer besonderen Bedeutung erschienen. Im Häckelismus, der die ganze Naturauffassung in sich schliesst, erscheint der Darwinismus wie zum Nebenplaneten des allgemein giltigen Principes vom naturgemässen Werden herabgedrückt. Insofern, kann man auch sagen, ragt der Darwinismus in der Darstellung der Anthropogenie weit über seine speciellle Bedeutung hinaus, da er eines der wichtigsten und räthselhaftesten Gebiete der natürlichen Erscheinungen, die Entstehung der organischen Welten, der menschlichen Erkenntniss erschliesst und der Herrschaft der allgemeinen Naturgesetze unterwirft. Indem sich nun fortan die Naturforschung auf den sonst unzugänglichsten Bahnen unbehindert und frei bewegen kann, strebt sie nach allen Richtungen erfolgreich zur Erkenntniss aller stofflichen Wechselwirkungen und Erscheinungen unter dem einheitlichen Naturgesetze.

Das merkwürdige Verhältniss des Darwinismus zur Naturauffassung ergiebt sich demnach in folgender Eigenthümlichkeit: Der Darwinismus ist einerseits, wie gezeigt werden soll, mit Annahme der Allgemeingiltigkeit des stofflichen Causalprincipes nicht ferner in Frage. — Andererseits jedoch stand eben dieser Allgemeingiltigkeit des stofflichen Causalprincipes so lange eine bedenkliche Lücke entgegen, als das Entstehen der Thierarten nach diesem Grundgesetze unvermittelt blieb. Erst nachdem diese Lücke durch den Darwinismus vollständig ausgefüllt erschien, konnte mit kühnem Blicke alles Werden und Geschehen überhaupt, unter dem Gesichtspunkte physikalisch-mechanischer Ursachen erfasst werden. Nun quillt es und sprosst es nach allen Seiten. Wo immer dunkle Stellen zu verzeichnen waren, naht der von dem allgemeinen Naturgesetze durchleuchtete Geist heran, ordnend und auseinandersetzend. In solcher Wechselstellung fasse ich Darwinismus und Häckelismus in der Anthropogenie auf.

Hyperdarwinismus! hörte ich als Ohrenzeuge von mancher bedeutungsvollen Lehrkanzel die Häckel'sche Auffasung bezeichnen. Hyperdarwinismus wohl! insofern er mit imponirender Uebermacht sowohl engherzige Anhänger als Gegner der neuen Theorie ihre weit zurückgebliebene Stellung empfinden lässt und zu jener verdrossenen Stimmung bringt, aus welcher sich nur zu oft eine gewaltsame gegen sich selbst kehrende Opposition erzeugt.

So möge es mir im Folgenden gegönnt sein, vom philosophischem Standpunkte aus: Erstens die absolute Giltigkeit des stofflichen Causalprincipes für die Gesammtheit aller stofflichen Naturerscheinungen und zweitens, die absolute Nothwendigkeit der Entwicklungstheorie nach solcher Prämisse nachzuweisen und somit den Häckelismus in philosophischer Beleuchtung darzustellen.

Längst hat sich auf dem Gebiete der wissenschaftlichen Naturforschung jene vernünftige Ansicht Bahn gebrochen, dass alle natürlichen, namentlich sinnlich wahrnehmbaren Erscheinungen, Alles, was sich im Bereiche des Stofflichen nur irgendwie löst und bindet, formt und bildet, bloss unter dem Gesichtspunkte physikalisch-chemischer Eigenschaften, aufgefasst werden kann. Das ist der crasse aber unabweisbare Materialismus im Gebiete der physikalischen Natur aller Dinge. Ja, es wäre eine erbärmliche Lächerlichkeit hier nur einen Augenblick vor der äussersten Consequenz dieser unumstösslichen Wahrheit zurückzuschrecken. Wer je nur einmal erkannt hat, dass hier Licht ist, weil die Sonne oder eine Flamme leuchtet, je nur erkannt hat, dass ein Körper sich entzündet hat, weil er gerieben wurde, dass hier eine Waagschale überwiegt, weil sich mehr Masse auf derselben befindet, der hat damit auf der ganzen Linie natürlicher Erscheinungen den Stoff in seine Herrschaft eingesetzt, das Causalitätsprincip anerkannt und eigentlich nichts anderes als die Nothwendigkeit eingesehen, dass der Stoff dem Stoffe angehört. Ich versuche es, dies philosophisch zu beleuchten.

In meiner Abhandlung „Ein Beitrag zur Seelenfrage" habe ich im Hinblick auf die Schwierigkeiten, welche namhafte Forscher gegen das Causalitätsprincip erhoben haben, die Ansicht klar gelegt, dass Ursache und Wirkung kein anderes Verhältniss, als das des Einzeltheiles zum Combinirten bezeichnen.

Die Ursache ist nicht die für sich bestehende Kraft oder das für sich als Besonderes bestehende Vermögen zu irgend einer fremden ausser innerem Zusammenhang stehenden Wirkung und Erscheinung. Nein, die Eigenschaften der Stoffe oder besser des Stoffes in ihrer Wechselwirkung sind es vielmehr selbst, welche einzeln betrachtet die Ursachen und in ihrer Combination die Wirkung ausmachen. Die Ursachen sind somit völlig identisch mit den Wirkungen. Wo immer wir nach der Ursache einer Erscheinung fragen, haben wir zunächst jenes Moment im Auge, welches in seiner Combinirung mit gegebenen Componenten nunmehr im Zusammen die neue Erscheinung ausmacht. In der Formel: (a b c d) wäre eine Combination, d. h. irgend eine Wechselwirkung zwischen verschiedenen stofflichen Eigenschaften, besser zwischen verschiedenen Bewegungsarten, woraus ein gewisser Zustand resultirt. Tritt nun ein neues Element in die Combination, z. B. (a b c d e), so nennen wir „e" die Ursache der Erscheinung (a b c d e), respective die Ursache der Verwandlung der Erscheinung (a b c d) zu (a b c d e). Neues kommt in keiner Wirkung vor, nichts geht bei ihrem Aufhören verloren; Alles kommt nur auf die Art der Wechselwirkungen und Beziehungen derselben Eigenschaften an. Die Linse ist die Ursache der Strahlenbrechung, oder die Combination derselben schwingenden Aethertheilchen mit den Molecülen der Glaslinse giebt den Strahl in solchem gebrochenen Verlaufe. Die Wärmeschwingungen des mit dem Wasser in Contact stehenden Stoffes in Combination mit den Molecülen des Wassers geben das Wasser in der Erscheinung des Dunstes, wie auch naturgemäss jene Wärmeschwingungen dabei modificirt erscheinen; denn jede Verdunstung bindet Wärme.

In Kürze, der Stoff ist die Ursache aller stofflichen Erscheinungen, da diese nicht anders als die Wechelwirkungen und Beziehungen seiner Eigenschaften sind. Eine Erscheinung nach deren Ursache erklären, heisst darum nichts anderes, als dieselbe nach ihren stofflichen Einzelbestandtheilen analysiren.

Diese Auffassung ist von ungeheurer Tragweite, sie erklärt uns das Gesetz von der Erhaltung der Kraft und alle Eigenthümlichkeiten, die in Bezug auf das Causalitätsprincip unsere Aufmerksamkeit verdienen.

Wenn nun das Causalitätsprincip, das ist die Stofflichkeit aller Erscheinungen, auch auf die Welt der organischen Gebilde angewendet werden muss, so ist selbstverständlich auch hier, sei es hinsichtlich des Werdens oder Bestehens, alles nur vermöge der allgemeinen physikalisch-mechanischen und chemischen Beziehungen in Betracht zu ziehen. Wer daher je anerkannt hat, dass diese Pflanze, mehr dem Sonnenlichte ausgesetzt, besser gedeiht, dass die Erschütterung einer schwangern Frau eine Missgeburt zur Folge hatte, oder dass überhaupt ein Organismus chemisch durch ein Gift zerstört worden sei, der hat unwiderruflich das Causalitätsprincip, d. h. die ausschliesslich maassgebende Wechselbeziehung der Stoffe auch für das organische Leben und für die organischen Gebilde zugestanden, und kann fortan in jedem organischen Werden oder Vergehen, sowie in allen Functionsfähigkeiten organischer Gebilde einzig und allein nur Combinationen stofflicher Eigenschaften erkennen.

Daraus ergiebt sich, wie wir es nach allen unseren heutigen naturwissenschaftlichen Erkenntnissen mit völliger Bestimmtheit behaupten können, die absolute Giltigkeit der Entwicklungstheorie. Besteht nämlich irgend ein Thiergebilde aus Stoffen, so müssen alle Vorgänge, die sich an diesen Stoffen sowohl zum Werden während der Zeit der Entstehung, als zur Bethätigung seines Lebens nach seiner Vollendung vollziehen, ganz und völlig als chemisch und mechanisch physikalische Vorgänge analysirt werden können. Die stofflichen Vorgänge haben ihre Ursachen, d. h. sie können nichts anderes als das Resultat der Wechselbeziehungen und Wechselwirkungen, wie sie sich durch die Combination der Stoffe ergeben, bedeuten. Jeder Vorgang am

Stoffe, der nicht von der Combination der Einzeleigenschaften dieses Stoffes völlig gedeckt erscheint, d. h. nicht causal erklärt ist, darf getrost als unmöglich bezeichnet werden. Vorgänge am Stoffe, die nicht durch solche Wechselbeziehungen der Eigenschaften dieses Stoffes völlig gedeckt erscheinen, annehmen, hiesse nach der richtigen Definition des Causalprincipes nichts anderes, als dasselbe in einer und derselben Behauptung annehmen und doch nicht annehmen, denn Wirkung und Ursache, Erscheinung und Wechselwirkung der einzelnen Eigenschaften des Stoffes sind völlig identisch. Nun gebe ich gerne zu, dass wir heute insofern noch nicht über Alles im Hinblick auf die stofflichen Bedingungen das Verdict der Möglichkeit oder Unmöglichkeit fällen dürfen, als uns noch immer nicht alle möglichen Wechselbeziehungen der stofflichen Eigenschaften bekannt sind. Ob irgend eine Erscheinung an einem bestimmten Körper möglich oder unmöglich ist, wissen wir nicht immer mit völliger Bestimmtheit anzugeben. Nicht immer! wohl aber in den meisten Fällen. Gälte es z. B. der Frage: ob es möglich sei dass sich Bäume, durch Gesang veranlasst, von der Erde losmachen können, um einen regelmässigen Tanz aufzuführen, so würden wir unbedingt für die Unmöglichkeit einstehen. Warum? Weil die Unmöglichkeit solcher Wechselwirkung zur Genüge aus unserer Stoffkenntniss hervorgeht. Wohl lehrt uns die Erfahrung, dass im Verlaufe der Zeiten Kräfte und Beziehungen bekannt geworden sind, die man früher gar nicht ahnen konnte, dennoch werden wir zuversichtlich in ähnlichen Erscheinungen sein, da unsere Kenntniss des Stoffes oft hinreicht, die Unmöglichkeit einer Combination von stofflichen Wechelwirkungen einzusehen, welche solcher Erscheinung entsprechen müsste.

So vorbereitet gehen wir an die Entwicklungsgeschichte der Thiere. Sie setzen sich, wie wir sehen, aus Stoff zusammen. Das Entstehen irgend eines Gebildes aus Stoff fällt ebenso wie alles Andere unter den Gesichtspunkt stofflicher Vorgänge. Diese Vorgänge müssen demnach durch Wechselbeziehungen stofflicher Eigenschaften gedeckt erscheinen. Demnach vereinfacht sich unsere ganze Untersuchung zu der einzigen Frage: Halten wir es bei unserer Kenntniss vom Stoffe noch für möglich, dass sich in freier Natur aus Stoffen ohne Mutterleib ein Adler oder ein Löwe aufbaue?

Lassen sich nur irgendwie die Vorgänge, die sich zu solchem

Aufbaue am Stoffe vollziehen müssten, als Wechselbeziehungen und Wechselwirkungen stofflicher Eigenschaften bezeichnen?

Nein, wenn wir vom Stoffe allein ausgehen!

Ja, wenn ein Alles vermögender Gott es so aufbauen lässt!

Nein, sage ich, auch wenn ein allvermögender Gott Schöpfer des Weltalls ist.

Wenn Gott Thierarten frei und unvermittelt aus dem Stoffe entstehen lassen will, so muss er sich einen anderen Stoff wählen, einen solchen nämlich, dessen Eigenschaften eine Combination, d. h. Wechselwirkungen und Beziehungen möglich machen, die den Vorgängen, wie sie der Aufbau des Thieres bedingt, entsprechen.

Aus diesem Stoffe, aus welchem die Thiere thatsächlich bestehen, kommt es nicht zu Stande. Man versetze sich als Zuschauer jenes Aufbaues; was wären dann die Vorgänge desselben? Offenbar dasselbe, was die Wechselwirkungen und Beziehungen zwischen den Eigenschaften des Stoffes wären. Wo nun diese Eigenschaften, diese Beziehungen und Wechselwirkungen nicht sind, wie sollen da die Vorgänge eben dasselbe dennoch sein? Will man denn den Gottesbegriff als Lückenbüsser der offenbaren Lüge und des reinen Widerspruches machen, wodurch wir in die Lage kommen, eben dasselbe zu verneinen und doch wieder zu behaupten?

Ich will hiermit das Vermögen einer göttlichen Allmacht nicht beschränkt wissen. Ein Gott kann Alles, auch den Aufbau fertiger Thiere in freier Natur bewirken. Was jedoch geschehen ist, muss doch geschehen sein, die Wechselbeziehungen jener Thierstoffe und ihrer Eigenschaften sollen sich doch vollzogen haben und diese Eigenschaften sind nicht da!

Nein, indem in unserem Stoffe jenen in Rede stehenden Vorgängen Wechselbeziehungen der Eigenschaften nicht entsprechen, hat Gott gezeigt, dass er jene Vorgänge zum freien unvermittelten Aufbaue der Thiere sich nicht vollziehen liess. Doch, wird man glauben, hat ja Gott Thierarten, inbegriffen den Stoff, aus welchem sie bestanden, aus dem Nichts fix und fertig hervorgehen lassen können? Dann frage ich einfach um unsere Frage von der Entscheidung einer anderen weitreichenden Frage nicht abhängig machen zu müssen, auf welchem Wege wir zu diesem Nichts denn gelangen sollen? Auf dem Wege der Naturwissenschaft unmöglich, da hier eben Alles vom bestimmt Gegebenen abgeleitet werden muss.

Auf dem Wege der philosophischen Speculation ebenso wenig, da auch die Philosophie offenbar in dem Nichts jeden Faden der Speculation verlieren muss. Selbst wenn die Speculation zu Gott als Urheber aller Dinge gelangt, kann sie doch nur die Welt entwicklungsweise in fortlaufender ununterbrochener Entwicklung aus Gott hervorgehen lassen. Von Gott gelangt die Speculation über das Nichts hinweg ebenso wenig zur Welt, als vom Nichts selbst. Wo immer der Ausgangspunkt als vom absoluten Sein genommen wird, darf fortan keine unvermittelte Unterbrechung in der naturgemässen Entwicklung gedacht werden, und es darf, von Gott angefangen, keine Existenz gesetzt werden, die nicht aus gegebenen Bedingungen geworden ist. Ausser dem Absoluten kann die Speculation kein Sein ohne vermittelndes Werden denken.

So bliebe noch der Glaube, welcher, wenn er kein leeres Phantom sein soll, sich auf eine Offenbarung stützen müsste, deren Ueberlieferung wenigstens für unsere nächsten Kreise allenfalls nur die Bibel enthalten würde; auch diese lässt die Thierarten nicht unvermittelt aus dem Nichts, sondern aus dem gegebenen Stoffe hervorgehen.

Ueber Alles maassgebend spricht aber zuletzt die Palæontologie hier das entscheidende Wort. Dass Gott alle Thierarten nicht mit einem Zauberschlage aus dem Nichts hervorbrechen liess, zeigt die Palæontologie in völlig überzeugender Weise. Allenthalben zeigt sich hier naturgemässe Entwicklung.

Die hier eingeschaltete Frage bezüglich einer unvermittelten Entstehung der Thierarten ragt über den Kreis eines theologischen Streites hinaus, indem sie auch die Entscheidung über die Ursprünglichkeit des Weltalls in sich fasst. Im Alterthum namentlich war es eine vielfach erörterte Streitfrage, ob diese Welt, wie sie heute besteht, von Ewigkeit her in solcher Weise bestehe. Dass es sich wenigstens im gewöhnlichen Sinne nicht so verhält, zeigt uns ebenfalls die Palæontologie.

So erhellt es mit zwingender Ueberzeugung, dass die freie unvermittelte Entstehung der Thierarten aus dem Stoffe nicht denkbar ist, weil die stofflichen Bedingungen zu solchem Aufbaue nicht gegeben sind. Die Bildung jenes Urschleimes und der

organischen Zelle aus dem Stoffe lässt sich wohl im Allgemeinen
denken; wie sich aber aus diesen Zellen das ganze Thierreich
naturgemäss entsprechend den stofflichen Bedingungen entwickeln
konnte, darüber werden wir von der Anthropogenie in licht-
vollster und überzeugendster Weise belehrt.   Die rein materialistische Erklärung jener Zweckmässigkeit aber, wie sie uns in
dieser Entwicklung überrascht, sei meinerseits Aufgabe für das
folgende Capitel!

Die teleologische Frage in der Naturauffassung.

„Da zeigt sich die Hohlheit der Phrase von der Weisheit einer Schöpfung in der Natur, die Fabel von der Zweckmässigkeit ihrer Gebilde."

Durch diesen Ausspruch kennzeichnet sich der Häckelismus in Betreff der teleologischen Frage.

Im Wesentlichen können wir auch nicht umhin, dieser Auffassung beizustimmen, wenn wir es mit der dem Darwinismus im Sinne des Häckelismus entsprechenden Naturauffassung ernst nehmen. Wohl ist nach Kant die Möglichkeit der Erkenntniss nach Begriffen schon an und für sich als Zweckmässigkeit in dem einen Sinne zu bezeichnen; in dem andern Sinne aber bezeichnet sie die Möglichkeit der sich allenthalben aufdrängenden subjectiven Vorstellung, als ob Ideen als Ursachen des Werdens vorgeschwebt hätten. Im Grossen und Ganzen wäre dann die Zweckmässigkeit der Natur in solchem Sinne leicht erweisbar, da die Bedeutung mancher unzweckmässigen Gebilde, wie die Rudimente u. s. w., vor der grossen Weltharmonie im Allgemeinen unbedingt zurücktreten müsste.

Indessen richtet sich die teleologische Auffassung des Häckelismus keineswegs gegen dieses subjective Moment, welchem in objectiver Naturauffassung auch keine weitere Bedeutung zukommt. Diese will bloss in objectiver Hinsicht alles Werden und Sein unabhängig von irgend einer anordnenden Weisheit und bestimmenden Zweckmässigkeit einzig und allein aus physikalisch-mechanischen und chemischen Ursachen erklärt wissen. Was die einzelnen unzweckmässigen Gebilde betrifft, betone ich noch einmal, kann hier nicht wesentlich in Betracht kommen. Diese wären an und für sich einerseits gewiss nicht geeignet, die Zweckmässigkeit im Allgemeinen zu widerlegen, und andererseits müssten wir in Betreff der Teleologie dasselbe Urtheil behaupten, wenn wir uns auch nicht auf solche vereinzelte Fälle stützen könnten.

Wo wir in der Anthropogenie dennoch gerade gewisse Rudimente und ähnliche unzweckmässige Erscheinungen diesbezüglich mit Nachdruck hervorgehoben sehen, halte man dafür, dass dieselben, wenn auch an und für sich nicht von besonderer Tragweite, dennoch wohl geeignet sind, das logisch Erkannte und Sichergestellte auch empirisch und gewissermaassen augenscheinlich zu erhärten.

Die teleologische Frage ist durch das innere Wesen einer consequenten Naturauffassung selbst gerichtet!

Was der Satz in erster Auffassung auch an Illusionen zerstören mag, so ist er doch für das Streben der Naturforschung so aussichtsvoll, dass es geboten erscheint, ihn mit allem Aufgebote unseres Denkens zu erfassen und zu würdigen. Wohl werden viele noch eine Zuflucht vor dieser scheinbar so rauhen Wahrheit in einigen Schwierigkeiten hinsichtlich der consequenten Durchführbarkeit derselben suchen und ihren letzten Rest von Gottesverehrung in der Unzulänglichkeit des nach ihrer Meinung hier in Berechnung kommenden Zufalles zu retten suchen.

Wohl genügen, meinen Viele, die Naturgesetze unter g e g e b e n e n B e d i n g u n g e n zum Aufbaue der Welt; wer giebt jedoch diese Bedingungen? Ihr gestehet zu, dass so viele Umstände in einander und nur in bestimmten Verhältnissen in einander greifen müssen, wo es sich um Bildung bestimmter Formen handelt; wer brachte diese genauen doch scheinbar ganz dem Zufalle anheim gegebenen Beziehungen, in langer Folgenreihe ewig treu zusammen? Hier, meinen Viele, hier auf dem grossen Gebiete, welches so augenscheinlich dem Zufalle übrig gelassen bleibt, sei ein letzter Rettungsanker für Alles, was sich an Gott, Vorsehung, Zweckmässigkeit u. s. w. klammert. Hier auf dem Gebiete, welches so bedeutungsvoll vom Zufalle regiert werden soll, sei ein Reich der Regierung eines Gottes werth! ein ewig klaffender Riss in der immer enger schliessenden Festungsmauer causal mechanischer Nothwendigkeit! Hier kann auch bestens wieder die Auslieferung der Welt an Gott eingeleitet werden.

Nein! die rechte Würdigung der Häckel'schen Theorie verlangt und macht es zur Pflicht, solcher Verlockung, die wieder nur die Abdication der Naturwissenschaft in aller Form bedeuten würde, zu widerstehen. Wer den Häckelismus recht begriffen hat, der weiss, dass nach demselben auch dem Zufalle jede Machtsphäre entwunden ist.

Nicht nur muss fortan die Entwicklung der Welt als nothwendig aus gegebenen Bedingungen hervorgegangen betrachtet werden, sondern auch diese gegebenen Bedingungen selbst erweisen sich als nothwendig aus der Eigenschaft des Stoffes hervorgegangen. Nicht nur, dass die innere Eigenschaft des Stoffes negativ eine ihr widersprechende Entwicklung für unmöglich erscheinen lässt, andere als causal mechanische Ursachen ausschliesst, muss noch darüber hinaus angenommen werden, dass nach dieser Eigenschaft des Stoffes nothwendig auch nur diese einzige und keine andere Weltentwicklung möglich war.

Von zufälliger Constellation der Beziehungen darf bei richtiger Naturauffassung nicht entferntestens die Rede sein. Wo nur etwas anders hätte sein können, als es thatsächlich geschehen ist und noch geschieht, wo nur im entferntesten in Bezug auf eine Gestaltung an Zufälligkeit gedacht werden müsste, da gestehe ich es offen, wäre ich sofort zur teleologischen Naturauffassung bekehrt. Wir können nur dann von der Naturnothwendigkeit überzeugt sein, wenn der Zufall erst ganz und allseitig ausgeschlossen erscheint.

Ein jüdischer Moralphilosoph versucht es, ein göttliches Walten in der natürlichen Schöpfung durch ein drastisches Beispiel nachzuweisen.

„Wenn du mein Bruder", sagt er, „einen herrlichen Blumengarten zu Gesichte bekämest, worin Farbenwechsel, Blumenarten und Beetformen in der sinnreichsten und feinsten Berechnung angeordnet wären; würdest du dich alsobald überreden lassen, dass alle diese bestens combinirten Blumenanlagen einem Winde ihr Entstehen verdanken, der aus der Umgebung gerade hier, hart an der Hinterseite dieses Lustschlosses eine Fülle verschiedenartiger Samengattungen zufällig so wohl vertheilt zusammengetragen hätte?"

Das Gleichniss träfe zu, wenn wirklich in der Weltorganisation dem Zufalle nur irgend welche Rolle zukommen müsste. Wir gestehen ja, dass diesen Samenkörnern je ein bestimmtes

Vermögen zur Entwicklung einer und nur der e i n e n Art zukomme. Dennoch muss nicht so sehr das Entstehen der Blumen,
als vielmehr die in allen Verhältnissen genau bemessenen Formen,
die regelmässige Zusammenstellung in billiges Erstaunen versetzen, insofern wir nämlich von einer anordnenden Vernunft und
zielstrebigen Absichtlichkeit absehen wollten. Aehnlich gestehen
wir den Naturkräften unbedingt das Vermögen zu, wonach sie
als allein ausreichenden Ursachen für einzelne sogar kunstgemässe
Gebilde gelten können. Uns wird jedoch, so lange das leitende
Princip fehlt, die Präsision d e s E i n e n hinsichtlich seiner mehrseitigen Beziehungen z u d e n v i e l e n A n d e r e n unbegreiflich
bleiben.

Wir begreifen wohl das Differenzirungsvermögen der Zellen
zu Gebilden, welche im Organismus als Blutgefässe gelten können.
Wir begreifen, dass sich bei solcher Differenzirung nach Umständen innerhalb eines Theiles dieser Gefässe Klappen bilden.
— Wir staunen jedoch über die Bedeutung, welche diesen Klappen
und zwar nur an diesen Theilen und nur in solcher Beschaffenheit
bei eintretender Wechselbeziehung mit s p ä t e r e n und mit a n d e r e n
Gebilden zukommt. Kurz, jedes einzelne Gebilde ist nicht nur
zart, kunstsinnig und zweckmässig entwickelt, ein Umstand, der
uns weiter nicht allzu befremdend erscheinen dürfte — das
Ausserordentliche zeigt sich erst da, wo sich jedes Einzelne bei
seinem Beginne schon in dem genauen Maasse und in der genau
bestimmten Form erwies, wie es erst i n v i e l s p ä t e r e n
S t a d i e n gerade so und nicht anders für die entferntesten Beziehungen nothwendig wird. — Und dieses merkwürdige Verhältniss ist eben nicht nur ein seltener Fall, sondern an der
Regel und zwar in unübersehbarer Zahl. Darum geht es nicht an,
einfach darauf hinzuweisen, dass Bedürfniss und Thätigkeit allenthalben die motorischen Factoren der Ausbildung wären, da oft
Bedürfniss und Thätigkeit v i e l s p ä t e r als die Vollendung
jener Gebilde auftreten.

In der Anthropogenie erscheint auch wohl das Bestreben,
diese merkwürdige Harmonie der Gebilde ohne Zuhilfenahme
bestimmender Absichtlichkeit und anordnender Weisheit, einfach
aus der eigenen Natur des Stoffes begreiflich zu machen.

Mit dem Gegebensein der Vermehrung der Zellen, wird in
der Anthropogenie gesagt, ist unbedingt zugleich die Differenzirung
zu verschiedenartigen Gruppen gegeben. Nunmehr ist die Art

6*

der Differenzirung in solcher Weise anzunehmen, dass jede dieser
Gruppen zu irgend einem Vermögen, welches der Möglichkeit
der wechselseitigen Beziehungen entspricht, ausgestattet ist. —
Hiermit wäre nun die Grundbedingung der organischen Gebilde
gegeben. „Arbeitstheilung" ist die Parole, welche hier ausge-
geben wird. Wie bei einer bleibenden Ansammlung grösserer
Menschenmassen an einem Orte ein Staatengebilde naturgemäss
entsteht, indem sich die einzelnen Menschen bald zur Leistung verschiedenartiger Arbeiten qualificiren und in ihrer Wechselwirkung
die beziehungsreichen Combinationen des geselligen Zusammen-
lebens entstehen lassen: so verhalte es sich mit der Differenzirung
der Zellen. Auch über die unübersehbaren und verzweigten
Beziehungen im vollendeten Staatenleben wird die reflectirende
Vernunft billig erstaunen, während sie sich doch nach den jeweiligen Bedürfnissen und fühlbaren Lücken allmählich entwickelt
und vervollständigt haben. So sehr auch hier die Bedeutung
des Einzelnen in Bezug auf das Andere oder auf die
Gesammtheit erscheint, hat sie dennoch anfänglich ihren Ursprung
von sich selbst und in Hinsicht auf sich selbst gefunden.
So sei es an dem Wesen des Organismus überhaupt, dass in
dem ausschliesslichen Sein des Einzelnen für sich selbst das
Sein für das Andere und für die Gesammtheit resultirt.

In oberflächlicher Betrachtung kann diese Aufklärung gewiss
nicht befriedigen. Die Arbeitstheilung unter Menschen hat als
oberste Ursache vor Allem doch Absicht, Ziel. So sehr da jeder
nur für sich handelt, so geschieht es doch nur im Hinblick auf
den Andern, im Hinblick auf das Spätere. Im organischen
Leben soll alles in blinder Nothwendigkeit, ohne aus dem Kreise
des Gegebenen hinauszutreten, ohne ursprüngliche Vermittlung
mit dem Andern, zu dem Andern passen.

Indessen muss anerkannt werden, dass die Entwicklungstheorie an und für sich bereits die naturgemässe Auffassung
dieses Verhältnisses wesentlich erleichtert.

Darnach gehen wir über die Bildung des Urschleimes, als
über ein wenig combinirt gedachtes Gebilde mit Leichtigkeit und
zwar nicht zum besondern Nachtheil für die Wissenschaft hinweg.

So muss eben die Wissenschaft, wenn sie nicht ewig in's
Unfruchtbare sinnen will, über die ersten Bedenken hinweg, in
dem reichhaltigen Gebiete irgend einen Ausgangspunkt zu erlangen streben. In gleicher Weise ist es der Forschung auch

gestattet über die Entwicklung der primitivsten Thiergebilde ohne differenzirten Zellensarcode-Leib und selbst bis zur Entstehung der primitiven Darmthiere ohne besondere Skrupulosität vorzuschreiten. Hier, wo wir fortan die combinirtesten Beziehungen in's Unübersehbare mit potenzirter Raschheit anwachsen sehen, machen wir vor der merkwürdigen Erscheinung als vor dem Aussergewöhnlichen Halt, mit dem ernsten Bestreben, fortan uns selbst genaue Rechenschaft ablegen zu wollen. Als Ausdruck dieser gewissenhaften Rechenschaft mag nun die Darstellung des Darwinismus in seiner ganzen Ausdehnung gelten. Da wird ja eben in allen Einzelheiten der naturnothwendige Entwicklungsgang der höchsten Thierarten umständlich und befriedigend erörtert. Da begreifen wir ja, wie die Thiere allmählich, den natürlichen Verhältnissen entsprechend, von Umbildung zu Umbildung naturgemäss bis zur Grenze ihrer Vollkommenheit fortschreiten; und da begreifen wir auch, wie durch das Vererbungsgesetz für die Fortpflanzung und den Bestand aller der vollkommenen und minder vollkommenen Gebilde vorgesorgt ist. Durch den Darwinismus ist namentlich der mächtige Factor „Zeit" für die Entwicklung der Vollkommenheit gewonnen. Ja, wer so den Menschen z. B. aus der Gesammtnatur herausnimmt und sein Entstehen und Werden für sich betrachtet, hat gewiss allen Grund über jenes seltsame Zusammengreifen in der harmonischen Entwicklung einer solch beziehungsreichen Combination zu erstaunen. Nun lehrt der Darwinismus, wie allererst nur ein äusserst primitives Gebilde in Betracht komme, wie dies von Stufe zu Stufe Jahrtausende hindurch das grosse Capital der Vervollkommnung redlich erwarb und stetig auch sicher durch die Vererbung in unverwüstliche Anlage brachte. Was sich hier in neun Monaten vollzieht, ist die Frucht hunderttausendjährigen naturgemässen Erwerbes.

Kern und Wesen der Naturnothwendigkeit erfasst auch diese Darstellung nicht in aller Vollkommenheit. Allererst sehen wir hier ja die Vererbungserscheinung, eben eine der merkwürdigsten Beziehungen, als selbstverständlich angenommen; während gerade Viele darin das ausserordentlich Zweckmässige erblicken, dass alles so wunderbar harmonisch für Fortpflanzung und Vererbung in mannigfachster Wechselwirkung zusammentrifft. Und was muss nicht alles sein und lange vorher sein, ehe alle Bedingungen für die Fortpflanzung gegeben sind. Jenes merkwürdige Nervenspiel zur Entstehung des Geschlechtreizes, jene Einrichtung der Genitalien zur Ausübung, jene Vorrichtungen zur Aufnahme und Empfänglichkeit, sie bilden eben in sich selbst die merkwürdige Harmonie.

Ferner macht es auch den Eindruck, als ob da noch immer die Kette der Nothwendigkeit nicht ganz geschlossen wäre, und dass so manch schöner Antheil der Vollkommenheit auf Rechnung günstiger Umstände, des Zufalls käme. Dem Zufalle jedoch darf nicht um Haaresbreite Terrain übrig gelassen werden, wenn diese Welt in naturgemässer Entwicklung begriffen werden soll. Darum ist es klar und offenbar, dass es in Anbetracht der Naturnothwendigkeit nicht genügt, ein vereinzeltes Gebiet der Naturerscheinungen darzustellen.

Nicht nur für die Zoologie, für die Gesammtnatur muss das Princip nothwendiger Vollkommenheit und Zweckmässigkeit gefunden und formelmässig dargestellt werden, wonach die Einzelwissenschaft diesem Principe immerhin nach Thunlichkeit speciellen Inhalt verleihen mag.

Um diessbezüglich die Nothwendigkeit eines einheitlichen Principes klar zu stellen, will ich noch einmal von der absoluten Giltigkeit des rein materialistischen Causalitätsprincipes in der gesammten Naturerscheinung und zwar auch in Anbetracht ihrer Harmonie etwas gründlich sprechen.

Viele Gottesverehrer bemerkte ich bereits, glauben, wenn sie auch die nothwendige Uebereinstimmung alles Geschehens mit den Naturgesetzen eingestehen, wenigstens deren zweckmässige Combinirung der Allmacht und Weisheit Gottes zuschreiben zu können. Die gegebenen Bedingungen, welche der Wirksamkeit einer stofflichen Ursache vorhergehen müssen, meinen sie, seien nicht anders als von der Absicht Gottes eingeleitet worden. Woher schreibt sich dieser Irrthum? Offenbar, weil sie vergessen, dass diese Bedingungen ebenfalls als Naturerscheinung stoffliche Ursachen haben müssen; und ebenso, weil sie übersehen, dass das Zusammentreffen der Bedingungen wieder nur auf Vorgängen beruht, denen stoffliche Ursachen entsprechen. Indessen lässt sich die einzelne Erscheinung nicht aus ihrem Zusammenhange von der Gesammtnatur, welche die besprochenen Bedingungen derselben hergiebt, loslösen; und die Nothwendigkeit der Beziehungen und der Harmonie ergiebt sich eben so unbedingt, wie die des einzelnen Vorganges aus rein stofflichen Ursachen, d. h. aus der inneren Eigenschaft des Stoffes mit deren Wechselwirkungen die Erscheinung selbst indentisch ist. Damit ein Regenbogen entstehe, ist es nothwendig, dass Wolken und Sonne in eine entsprechende Stellung gegen einander kommen. Wird es nun angehen, dieses Zusammentreffen einer Wirksamkeit ausserhalb des Stoffes zuzuschreiben? Gewiss nicht, da die Bewegung der Wolken und deren Entstehen für sich nur von stofflichen Kräften abhängig ist. Dieses Zusammentreffen ist vermöge der vorhergehenden Welt, d. h. Stoffconstellation nothwendig und deshalb ebenso wie die Erscheinung selbst rein stoffliche Wirksamkeit. Was hier von dem einen Beispiele gilt, hat aber auf die ganze so ansehnliche Reihe alles günstigen Zusammentreffens für zweckmässige Resultate Anwendung, für Alles und überall ist der Stoff in seiner ausschliesslichen Wirksamkeit absolut maassgebend. Jede Zweckmässigkeit in der Erscheinung, noch so sehr vom günstigen Zusammentreffen bedingt, kommt dem Stoffe als ureigenes Vermögen zu, muss analytisch auch von demselben abgeleitet werden können!

Und so sei denn noch zum Abschlusse dieses Capitels der Aufgabe entsprochen, das allgemeine Princip für den vervollkommenden Fortschritt und für die Zweckmässigkeit der Beziehungen in der Gesammtnatur und zwar ausschliesslich aus der inneren Eigenschaft des Stoffes selbst abzuleiten. Mit dem Gegebensein der Anziehungs- und Abstossungskraft, der Bewegungen im Allgemeinen ist unbezweifelbar das Entstehen von allenfalls noch einfachen und primitiven Differenzirungen, Combinationen gegeben. Der allgemeinen Natur der Sache nach können die ersten und zwar primitivsten Combinationen ebenso wohl z w e c k - m ä s s i g als u n z w e c k m ä s s i g sein. Die Zweckmässigkeit fällt hier unter den Begriff der Bestandesfähigkeit und des erhöhten Vermögens, d. h. der weiteren Combinirungsfähigkeit. Was von den einzelnen Elementen galt, wird umsomehr von den Combinationen gelten. Auch diese bedingen vermöge der fortbestehenden Anziehungskraft nur um so eher das Eingehen in gewisse Combinationen. Diese weitere Combinirungsfähigkeit kann so eigentlich als Gradmesser der Zweckmässigkeit betrachtet werden. Je nachdem in einer Beziehung mehr Bedingungen zur weitern Combinirung oder mehr zur Auflösung des Bestehenden enthalten sind, muss man das Zweckmässige vom Unzweckmässigen unterscheiden. Es entsteht somit eine grössere Anzahl Combina-

tionen zweiten Grades und zwar wieder zweierlei Art: Die der Unzweckmässigen und die der Zweckmässigen in der frühern Bedeutung. Beide Arten entstehen mit gleicher Nothwendigkeit.
Da nämlich vermöge der blind wirkenden Abstossungs- und Anziehungskraft, in Anbetracht der Einfachheit dieser Combinationen
für beide Arten die gleiche Möglichkeit herrscht, so werden
nothwendig beide Arten entstehen. Hier, bei der zweckmässigen
Combination zweiten Grades werden wir zum Zwecke der Abkürzung annehmen, dass das erhöhte Vermögen bereits actuell wird,
d. h. dass ihnen bereits eine Wirksamkeit als Folge ihrer Beziehungen, also eine gewisse Thätigkeit und Function zukomme.
Denn Function und Thätigkeit bedeuten eben nur fernere Combinirung höhern Grades z w i s c h e n den Combinationen. Damit
haben wir den Schlüssel der natürlichen Zweckmässigkeit gefunden. Diese Function und Thätigkeit in ihrer blinden Wirksamkeit ersetzt das, was wir in der menschlichen Gesellschaft
W i s s e n und A b s i c h t nennen. Was bewirkt die Absicht?
Das Hinausgreifen über sich selbst zu dem Anderen — dasselbe
bedeutet jede F u n c t i o n und T h ä t i g k e i t. Die zweckmässigen
Combinationen greifen, weil sie sich noch ferner combiniren,
bereits in die Welt hinaus; und nun beginnt ein bedeutungsvolles Verhältniss zwischen zweckmässigen und unzweckmässigen
Combinationen. Letztere der Thätigkeit entbehrend, ohne genügende Gegenwirkung und vermöge ihrer Auflösbarkeit als
Combination, sind allen Uebergriffen und Zerstörungen der zweckmässigen Combinationen ausgesetzt. So verringert sich bereits
der Boden alles Unzweckmässigen. Andererseits besteht für die
zweckmässigen Combinationen höhern Grades noch in erhöhtem
Maasse die Bedingung für weitere Combinirung. Ja, in ihren
Functionen und Thätigkeiten, welche wie gesagt über ihr eigenes
Selbst hinausgreifen, ist bereits die Bedingung für Beziehungen
zum Entfernten gegeben. So zu sagen über die Köpfe der unzweckmässigen Combinationen hinweg und sie zerstörend, reichen
sich die Zweckmässigen die Arme und bilden so Combinationen
3ten, 4ten und 5ten Grades, immer noch anfänglich sowohl zweckmässiger als unzweckmässiger Natur. Wir kennen bereits das Spiel
zwischen beiden Arten zur Correctur der blind wirkenden Kräfte.
Fortan, nehmen wir wieder der Abkürzung halber schon hier an,
beginnt ein neues Stadium der Entwicklung. Es besteht nunmehr
eine grosse Anzahl zweckmässiger Combinationen und zwar viele

bereits von bedeutenderem Umfange, von compacterer Masse und von mehrseitigen Beziehungen. In der weiteren Combinirung derselben treten unzweckmässige Bestandtheile in die zweckmässige Combination selbst ein. Was muss naturnothwendig hier geschehen? Gewiss wird, wenn der unzweckmässige Theil vermöge Stellung oder Wichtigkeit überwiegt, das ganze zu dem Loose des Unzweckmässigen hinabsinken, der Zerstörung anheimfallen. Wenn aber das Functionsfähige und Zweckmässige überwiegt, ein Fall, der offenbar häufiger auftritt, so wird im Innern dieser Combination dasselbe vorgehen, was wir zwischen den getrennten Combinationen annehmen. Der Kampf um's Dasein zwischen den Functionirenden und Thätigen gegen das Functionslose und Unthätige wird im Innern der Combination entstehen und sich durch dasselbe hindurch noch etwa Kanäle, Gänge und Stufen zu entfernteren Beziehungen bahnen, — es wird die Umbildung und Anpassung des Darwinismus erscheinen. Die schwierigste Frage ist nun beantwortet. Wir wissen jetzt ursprüngliche Gebilde in ihrer Zweckmässigkeit für spätere Beziehungen zu begreifen. In der gemischten Combination von Zweckmässigen und Unzweckmässigen, sagten wir, werde das dominirende Zweckmässige, durch das Unzweckmässige hindurch zur weiteren Combinirung gelangen. Hierdurch wird das Unzweckmässige umgebildet in die Combination hineingezogen und zur Bildung eines Systems angepasst, wozu bereits die ersten Elemente in dem früheren Zweckmässigen' fertig waren. Ich bemerke noch, dass dieses ein Moment von besonderer Wichtigkeit ist.

Zu allen diesen besprochenen Selbstcorrecturen der Natur, das halte man noch fest, steht Zeit in ausgedehntestem Maasse zu Gebote. Gewiss ist es leicht, die Darstellung nunmehr weiter zu vervollständigen, zur Constatirung des Principes genügt es bereits. Das Unzweckmässige muss untergehen, das Zweckmässige muss entstehen, die Beziehungen müssen immer reichhaltiger werden, und selbst die verzweigtesten und entferntesten sind nicht nur naturgemäss, sondern sogar naturnothwendig.

Wie diese Beziehungen dann heissen, ob Vererbung, Fortpflanzung u. s. w., wie sie zu Stande kommen, ob durch Begattung, Anpassung u. s. w.; als was sie resultiren, ob als Pflanze, Thier, Sonnensystem u. s. w., das alles gehört der Darstellung jeder speciellen Wissenschaft an. Hier sollte nur im Allgemeinen das Princip ausgedrückt werden, wonach die

Weltharmonie nicht nur aus der allgemeinen Natur
des Stoffes entstehen konnte, sondern sogar nothwendig entstehen musste. Nun begreift man auch die
Vertrauenswürdigkeit der teleologischen Führung in der
Naturforschung und ebenso sehr den Schein der sogenannten
Zielstrebigkeit in der Natur. Nun lernen wir begreifen, dass
kein Gebiet, und auch nicht die geringste Aufgabe dem Zufalle
oder günstigen Umständen anheimfällt, und dass es mit absoluter Nothwendigkeit nach Gegebensein des Stoffes zur Entwicklung dieser so beziehungsreichen, d. h. eben zweckmässigen Welt kommen musste. Nun wird es uns leicht,
zu der Erkenntniss empor zu gelangen, dass auch alle günstigen
Umstände, aus welchen die Welt mit Nothwendigkeit hervorgegangen ist, selbst nicht anders als in nothwendigem Zusammenhang mit den Grundeigenschaften des Stoffes stehen und nicht
etwa aus dem Nichts wirklich nur zufällig in die Entwicklung
hinein gefallen sind.

Nunmehr ist der reine Materialismus, wie er mir zur Entwicklung meiner philosophischen Anschauungen absolut nothwendig erscheint, vollständig hergestellt, ja — zum Umschlagen reif!

Wissenschaft, bemerke ich immer wieder, muss Materialismus, besser materialistisch sein! — als das Erkannte
muss der Materialismus durchaus nicht vorausgesetzt werden.
Ebenso muss jeder Gedanke logisch sein, Logik muss er
nicht sein. Indessen entspräche es nicht so ganz, wenn ich
für's Folgende die Bekämpfung des Materialismus, den ich bis
jetzt mühsam durchgeführt habe, ankündigen würde. Ich sage
passender, Aufgabe des nächsten Capitels sei es, den Materialismus — zur Vernunft zu bringen! Ich will da gewissen-
haft untersuchen, was uns der innige, untrennbare Zusammenhang zwischen Stoff und Welt eigentlich lehrt!

Fünftes Capitel.

Die teleologische Frage in der Weltauffassung.

Mit unverkennbarem Eifer bin ich nun bis an die äussersten Grenzen naturwissenschaftlicher Ansprüche gefolgt, um endlich in völliger Unabhängigkeit jenseits dieser Grenzen selbständige Bahnen zu betreten. Dass ich mir diese Selbständigkeit gegenüber der alles bezwingenden Meisterschaft erlaube, will ich noch im Wenigen zu rechtfertigen suchen. In einem Werke von mehr als 700 Seiten, in welchem nur ein Theil der bedeutungsvollsten Erkenntnisse eines grossen und Epoche machenden Naturforschers in unübertrefflichster und unwiderstehlichster Weise dargestellt wird, finden wir noch einzelne Auseinandersetzungen eingestreut, die unverkennbar einem andern Forschungsgebiete entstammen und wohl alles in allem 20 Seiten ausfüllen dürften. Wir erkennen überdies diese hier fremdartigen Sätze sofort als solche, die demjenigen Gebiete entstammen, welchem wir von jeher unsere besondere Aufmerksamkeit gewidmet haben. — Ist es da nicht erlaubt und sogar Pflicht, in selbständiger Untersuchung Kritik zu üben; selbst für den Fall, wo uns schliesslich völlige Negation geboten scheint? Diese 20 Seiten des grossen Werkes möge der maassgebende Gebieter über das Reich der Natur, wo wir auch mit Verehrung seiner Belehrung lauschen, getrost unseren Händen überlassen, — mag auch daraus werden, was wolle. Die Anthropogenie tritt nämlich in vereinzelten Fällen über den Kreis der Naturauffassung hinaus, indem sie z. B. die innerhalb der Natur erwiesene Hohlheit der Phrase einer zweckmässigen Schöpfung, das Märchen weiser Vorsehung und die blinde Nothwendigkeit als ausschliessliches Princip für die Weltauffassung aufstellt. Nun denn, erst an dieser

Ueberschreitungsgrenze glaube ich die eingehende Untersuchung dieser als selbstverständlich hingestellten Consequenz nicht sparen zu dürfen. Das Gebiet der Naturforschung, so weit es auch ausgesteckt sein mag, bleibt hier unangefochten. Obwohl das Resultat der Naturwissenschaft für uns maassgebend sein muss, sollen unsere jenseitigen Resultate doch nicht rückwirkend maassgebend für die Naturforschung sein können. Das Gebiet der nächsten Forschung ist wohl nicht ausserhalb der Natur, jedoch die Resultate derselben fallen jenseits der weitesten Grenzen der Naturauffassung in die der Weltauffassung, über welch' letztere vom naturwissenschaftlichen Standpunkte allein nicht endgiltig entschieden werden kann. Und giebt es überhaupt ausserhalb dieser Grenzen noch wegsame Bahnen?

Wenn ich Ja sagen wollte, und mir mit „Nein“ entgegnet würde, wäre diese Streitfrage selbst nicht bereits, wenigstens von einer Seite hin, ausserhalb des naturwissenschaftlichen Standpunktes zu lösen? Muss nicht zur Lösung dieser Frage nothwendig über die Natur hinausgeblickt und geforscht werden?

Der Untersuchung dieser Frage im Allgemeinen ist jedoch das nächste Capitel gewidmet, hier gilt die Erörterung etwas vorgreifend speciell nur der teleologischen Frage in der Weltauffassung.

Und so frage ich ganz ausserhalb der naturwissenschaftlichen Grenzen: Ist es festgestellt, dass alle die Beziehungen der Welt, d. h. die Welt selbst aus den Ursachen und Naturgesetzen hervorgehen, oder ist es nicht auch denkbar, dass bei solchen Beziehungen in dieser Welt solche Ursachen und Gesetze gefunden werden müssen?

Ich kann mir's wohl vorstellen, dass diese Frage auf Jeden, der nicht tief in's innerste Wesen derselben eindringt oder nur eindringen mag, geradezu von verblüffender Wirkung sein muss. Ich frage:

Kommt den Ursachen und Gesetzen a priori als solchen eine Realität zu? oder kommen diese nur a posteriori in dieser Welt so zum Ausdrucke?

Wohl können wir unmöglich denken, dass ein Körper, dem wir die Unterlage entzögen, zur Erde fallen würde, wenn nicht eben die Anziehungskraft wäre. Dem gegenüber behaupte ich aber, dass ebenso unmöglich eine Anziehungskraft zu denken wäre, wenn ein Körper, ohne von irgend einem Hindernisse aufgehalten zu sein, nicht zur Erde fiele. Wer entscheidet hier, ob der Stein hinabfällt, weil die Anziehungskraft a priori da ist; oder ob nicht vielmehr die Anziehungskraft nur vermöge der Allgemeingiltigkeit der thatsächlichen Erscheinungen zum Ausdrucke kommt? Wer beweist mir, dass diese Kräfte und Ursachen an und für sich als Besonderes a priori existiren, und nicht vielmehr das ganz Identische mit den Erscheinungen und Wirkungen sind? Man ist wohl versucht, die Ursache als etwas Besonderes an und für sich zu halten, indem wir augenscheinlich zur Erlangung irgend einer Erscheinung Mittel und Wege zur Einleitung der Ursache, welche die Wirkung hervorbringen kann, einschlagen. Indem wir somit durch das Eine zum Andern gelangen, scheint sich wohl eine Besonderheit der Beiden kund zu thun. Gewiss überzeugt uns jedoch der genauere Einblick in das Verhältniss, dass hier nicht von Ursache und Kraft zur Vermittlung der Wirkung, sondern von Erscheinung zu Erscheinung geschritten wird. Wie sich nämlich die Steine zum Hause verhalten, so verhalten sich die Ursachen zur hervorgebrachten Wirkung. Ich gehe hier von demselben Standpunkte aus, wie es sich in den vorigen Capiteln zur Feststellung des Materialismus nothwendig zeigte. Die Erscheinungen und ihre Ursachen sind völlig identisch; und auch, wo wir eine Wirkung hervorbringen wollen, gehen wir nicht von einer Ursache als Kraft, als Besonderem aus, sondern von Erscheinung zu Erscheinung, deren Zusammenhang mit einander bloss das bezügliche Naturgesetz bezeichnet. Wir erzeugen keineswegs etwas Neues. Die ursachlichen Gegenstände bieten schon an und in sich die Theile der Wirkung, wie sie sich in der Combination als neue Erscheinung ergiebt. Der Phosphor, der Sauerstoff und die Bewegung in der Reibung sind schon an und in sich die Verbrennung. Dass es so ist, ist das Gesetz, und zwar nur darum, weil es so ist, ohne dass hier eine Gesondertheit oder eine Priorität des Gesetzes und der Ursache abstrahirt von der Erscheinung zu verzeichnen wäre.

Wohl gestand ich selbst zu, dass wir reichhaltige und sichere Erkenntnisse über die Vorgänge längst entschwundener Vergangenheit eben nur nach diesen Gesetzen und nach Kenntniss der Kräfte und Ursachen gewinnen können. Es würde sich nun fragen, in welcher Weise wir jene Erscheinungen und Vorgänge aus den Gesetzen bestimmen könnten, wenn diese letzten eben

nur die Folgen der Erscheinungen und nicht a priori für sich
bestehend wären. Wohl sehen wir auch die Erscheinung wechseln, die Gegenstände werden und vergehen, die Ursachen, Gesetze und Kräfte aber bleiben; woraus sich ergeben würde, dass
thatsächlich a priori die Gesetze und Kräfte, aus welchen nothwendig die Welt hervorgehen musste, bestehen, und nicht, dass
a priori die Welt gegeben ist, in welcher solche Gesetze und
Kräfte als nothwendige Folge auftreten.

Die Frage ist von ungeheuerer Tragweite und sie verdient
unsere volle Aufmerksamkeit.

Woher schreibt sich zunächst die ganze Verwirrung? offenbar, weil wir die Naturauffassung mit Weltauffassung verwechseln.
In der Naturforschung ist es zunächst Aufgabe, Stück für Stück
gerade das Werden in seinen Beziehungen zu dem Gegebenen
darzustellen. Die Darstellung dieser Beziehungen kann von
ihr nur dann als gelungen betrachtet werden, wenn sie gleichsam jedes Atom des Werdens als bereits gegeben, d. h. causal
analysiren kann. Darnach allein richtet sich ihr Können oder
ihre Ohnmacht. In solcher Weise wird uns natürlich die Welt
im ewigen Werden erscheinen, an dessen Ausgangspunkt die
Gesetze und Kräfte bestimmend und unwandelbar, also gegenüber
dem ewigen Wechsel als Besonderes und Absolutes stehen.

Die Philosophie hingegen nimmt die Welt als das, was sie
ist, als ein Ganzes, nicht vom Gesichtspunkte des Werdens,
sondern von dem des Seins! Ihr ist ja eben das Werden
selbst als Erscheinung und Vorgang ein Sein. Das Werden
des Einzelnen steht der Philosophie im untrennbaren Zusammenhange mit dem Ganzen. Die Bedingungen, die für irgend ein
Entstehen maassgebend werden, sind nicht von der übrigen Welt
losgelöst, für sich bestehend; sie sind ebenso Beziehungen, Vorgänge aus anderen Bedingungen, wie sie hier Bedingung für neue
Beziehungen werden. Ganz in derselben Weise, wie Erde und
Mars Theile des Sonnensystems, sind der Philosophie Zeugung,
Embryo, Geburt und Leben Theile des menschlichen Seins. Man
hat hinsichtlich des Causalitätsprincipes schon sehr viel Kopf-
zerbrechens gehabt, um sich in diesem merkwürdigen Verhältniss
zurecht zu finden. Muss Alles eine Ursache haben, meinte man,
so hört die Forderung bis in's Unendliche nicht auf. Was als
Ursache gelten soll, bedarf ebenso der Ursache, welche letztere
wieder dieselbe Forderung erheischt. Kann wieder andererseits

eine Existenz ohne Ursache gedacht werden, so ist die Noth
wendigkeit eben nirgends einzusehen. Ueber Alles unanfechtbar
steht jedoch die Thatsache, dass keine Erscheinung unbedingt
und absolut denkbar ist.

Und nun können wir nicht umhin, dieses Verhältniss als das
einfachste in der Welt zu bezeichnen. Indem thatsächlich jedes
Werden nur in Beziehungen des Gegebenen bestehen kann, und
wir Alles, was da existirt, als geworden, weil als Beziehung erkennen, so handelt es sich offenbar nur darum, Alles aus dem
Gegebenen zu erklären, nämlich als solche Beziehungen darzustellen. So finden wir die Ursachen und Bedingungen aller Erscheinungen. Insofern aber diese Bedingungen selbst wieder
Erscheinungen sind, so handelt es sich sofort wieder um Erklärung dieses aus dem Gegebenen, und vermöge der Einheit
der Welt, werden wir nie zu einem Anfange oder Ende, sondern
in einen Kreisgang gelangen, indem wir uns ja immer innerhalb
der Erscheinungen und des Gegebenen bewegen. Wer ernährt
den Schneider? Der Bäcker, Schuster, Tischler u. s. w. Wer
erhält den Bäcker? der Schneider, der Schuster u. s. w. Wer
erhält den Schuster? der Schneider, der Bäcker, der Tischler u. s. w.

Man täusche sich nur nicht! das gleiche Verhältniss besteht
zwischen Ursache und Wirkung. Die Materialisten hätten gewiss
Grund, die Erwägungen ihres ersten Vorkämpfers Locke zu
würdigen. Es ist nicht zu begreifen, sagt er, wie die Ursache
als Anderes die Erscheinung als Besonderes hervorbringen könnte.
Darum wird man bei reiflichem Nachdenken gewiss für die Darstellung empfänglich sein, dass Ursache und Wirkung vollkommen
identisch sein müssen, wie ich es im dritten Capitel ausführlich
auseinandergesetzt habe. Ursache verhält sich zur Wirkung,
wie Einzeltheil zum Ganzen. Jede Erscheinung ist Wechselbeziehung und Combination des Gegebenen und das Gegebene
als die Bedingung der Erscheinung nachweisen, heisst eben, die
Erscheinung causal erklären. Darum werden wir im Verfolgen
von Ursache zu Ursache weder vor- noch rückwärts zum Anfange
oder Ende schreiten, sondern uns stets innerhalb des Gegebenen
im Kreise bewegen. Das Gegebene aber ist eben durch sich
selbst, weil es ist und hat den einzigen Grund des Seins eben
in dem Sein. Das gilt nicht bloss für die erste Ursache, für
das oberste Sein, sondern für alles Sein. Nur, wo wir Wechselwirkung und Beziehungen vor uns haben, und das sind alle Vor-

gänge und Erscheinungen, verlangt es uns, die Ursache, d. h. die
Art und Weise der Beziehungen zu wissen.

Nach Erkenntniss dieser unumstösslichen Wahrheit ist nun
die Erwägung um so dringender geboten, ob die Gesetze und
Kräfte der Natur a priori als Ursachen dieser Welt gegeben
sind, oder ob nicht vielmehr in dieser Welt, wie sie eben ist,
nothwendig solche Gesetze und Kräfte sein müssen. Und was
war es denn, was wir dagegen zu fragen hatten? Wie können
wir auf die Zustände längst vergangener Zeiten schliessen, wenn
wir uns nicht auf die Naturgesetze und Kräfte als auf etwas
Absolutes und Bestimmendes stützen sollen? Wenn die Welt
sich nicht nach diesen gegebenen Gesetzen, sondern die Gesetze
und Kräfte sich nur nach der gegebenen Welt richten, wie kommt
es, dass wir jene Welt nicht nach dem Augenscheine, sondern
gerade nach jenen Gesetzen richten?

Damit hat es aber nunmehr seine guten Wege. Indem wir
die jetzige Welt vor uns haben und diese als Beziehungen erkennen, suchen wir diese Beziehungen zu analysiren. So gelangen
wir auf nächst frühere Beziehungen, die als Bedingungen unserer
Welt erkannt werden. Jene Beziehungen, auf die wir nun gelangen, bedürfen ebenso der Analyse, die wieder auf die nächst
früheren Beziehungen führen, und so gelangen wir in ununterbrochener Reihe von Beziehung zu Beziehung auf dem Wege
der Analyse, nicht aber der Erklärung bis zu jener Einfachheit,
wo sich die primitivste Combination zwischen Anziehungs- und
Abstossungskraft ergiebt. Ebenso wie wir durch Analyse der
Farbenerscheinungen auf die Erkenntniss der Wellenformen gelangen, so und nicht anders gelangen wir durch die stetige
Analyse der Erscheinungen des Thierlebens auf den Urschleim.
In der Formel: „x" ist eine Erscheinung erkannt als die Combination (a b c), die Erscheinung „a" ist gleich der Combination
(A B C), die Erscheinung „b" = (B A C), die Erscheinung
„c" = (C B A). Die Erscheinung „A" ist gleich der Combination
(a b), die Erscheinung „B" = (a c), die Erscheinung „C" =
(a d), a ist die Wechselwirkung $\alpha \beta$, b = $\beta \alpha$, c = $\dfrac{\alpha}{\beta}$, d = $\dfrac{\beta}{\alpha}$

gleich einer primitiven Beziehung zwischen Anziehungs- und
Abstossungskraft. Dort, wo wir über das Gegebene hinaus müssten,
denn Bewegung ist eben das Gegebene aller Erscheinungen, sind

wir an's Ende nicht der Welt, sondern unserer Analyse
angelangt.

Indem wir aber das „x" in seine Beziehungen auflösen,
erkennen wir die Gesetze der Beziehungen, das Vermögen und
die Grenzen in Bezug auf die Vielseitigkeit der Combinationen
innerhalb des Gegebenen, d. h. innerhalb dieser Welt und somit
die Naturgesetze und Naturkräfte, welche insofern maassgebend für die Bestimmung der Vergangenheit, d. h. der je-
weilig nächst früheren Combinationen und Beziehungen sind.
Zwischen Vergangenheit und Gegenwart besteht auch in Wirklichkeit kein anderes Verhältniss als dasjenige, welches zwischen
Wellenform und Farbenerscheinung besteht.   Wem dennoch die
auffällige Unterscheidung zwischen diesen beiden Verhältnissen
unüberwindlich erscheint, der bedenke nur, wie viel hier auf
Rechnung des betreffenden Subjectes kommen mag, welches dort
ausserhalb und hier innerhalb der Beziehung steht.   In
gleicher Weise sind wir die zuverlässigen Propheten der Zukunft!
Indem wir die gegebenen Beziehungen, deren Gesetze und Vermögen kennen, verfolgen wir den Verlauf derselben über den
jetzigen Moment hinaus und wissen die Gruppirung, die sich
fortan ergeben muss. So z. B. die zunehmende Erkaltung der
Erde, das endliche Verlöschen der Sonne u. s. w.

Insofern beweist nunmehr auch der ewige Wechsel der
Erscheinungen beim ewigen Bestande der Gesetze keineswegs
die Priorität der letzteren als Bedingung dieser Welt.   Man
begehe nur nicht den Fehler, jede Erscheinung für sich gesondert und unabhängig von der übrigen Welt zu betrachten.
Die Erscheinung, die da wechselt, ist eben nur ein Theil der
Welt im Zusammenhange mit der Erscheinung, die vorherging,
und mit der, die da folgt. Das Werden ist eine Combination
und Wechselwirkung, welche als solche in Wechselbeziehung zu
anderen Combinationen kommt. Die Philosophie unterscheidet sich
eben dadurch von der Naturwissenschaft — und ich werde auch
im nächsten Capitel nachweisen, mit welcher Nothwendigkeit
— dass sie die Welt als Ganzes vom Anfange bis in's Unendliche
in Betrachtung zieht.   Ihr verhält sich die Welt von vor
100,000 Jahren zu der heutigen, wie das Meer bei Indien zu
dem bei Californien; oder noch zutreffender, wie der Anblick
des Durchschnittes eines menschlichen Leibes durch den Schädel
zu dem Durchschnitte desselben Menschen durch die Brust in

der Gegend des Herzens. Ihr ist die Welt des Chaos dieselbe als die heutige, ein Theil der Welt überhaupt, da ja die ganze heutige Welt ohne jenen Zustand, wie die Naturwissenschaft richtig nachweist, gar nicht denkbar ist.

Ich werde übrigens hier der Versuchung widerstehen, eine Analyse des Zeitbegriffes zu geben, wo ich es, ohne gewaltig abzuschweifen, mit Klarheit und Gründlichkeit nicht auseinandersetzen kann.

Man halte nur fest, dass es keinen Wechsel der Erscheinungen und nur einen Wechsel der Betrachtungen der Welt giebt. Ich will mich etwas anstrengen und das klar Erkannte theilweise der Auffassung näher bringen. Wenn Wasser- und Sauerstoff in Combination sind, so ist der Wasserstoff doch da, ob wohl er unserer Wahrnehmung entschwunden ist. Ebenso ist das Wasser, das früher da war und nun durch die Elektrolyse zersetzt wurde, Bedingung der Elektrolyse und ein Combinationsglied dieses Vorganges. Ich kann ferner diese Elektrolyse ohne das Wasser nicht denken; und weil diese Elektrolyse, da sie stattfand, für alle Zeiten mit zu dieser Welt gehört, so gehört das Wasser, als Wasser für alle Zeiten, mit zu dieser Welt. Und gehört diese Elektrolyse, welche in einem chemischen Laboratorium vorgenommen wurde, zu dieser Welt? Unbedingt! Der genau denkende Naturforscher weiss, dass die ganze Welt, wenn auch nur um ein ganz unmerkliches Atom, mit dieser Elektrolyse anders gedacht werden muss, als ohne diese. Das ist die Consequenz der Naturnothwendigkeit, wo Alles mit einander zusammenhängt. Wenn ich nach Jahrtausenden die Welt mit der feinsten Genauigkeit in allen Beziehungen erforschen könnte, müsste ich finden, dass diese heutige Elektrolyse — man denke sich nur, wie unmaassgeblich — immerhin aber für jenen Zustand mitwirkende Bedingung war. Darum sage ich: alles Werden ist eben als Werden, als solcher Vorgang ein Sein und nur die Summe alles Werdens giebt erschöpfend das Sein. Wenn man geneigt ist, weltumfassenden Anschauungen mit den kleinlichsten Momenten zu begegnen, könnte man hervorheben, dass wir ja selbständig nach Willkür ein Werden hervorbringen. Gewiss wird derjenige, der dies hervorhebt, daran vergessen, dass auch wir und unser willkürliches Thun ebenfalls nur nothwendige Bestandtheile der Welt sind, und dass die Welt mit Allem, was darin geschieht, ist und existirt, als ein Ganzes be-

trachtet werden muss, in welchem wir selbst mit allem unseren
Thun mit inbegriffen sind.

Im nächsten Capitel werde ich in der Lage sein, diese
grosse weltumspannende Anschauung, auf die ich immerhin mit
Befriedigung zurückblicken werde, noch des Näheren begründen
zu können. Hier ist sie allenfalls wichtige Vorbedingung der
ernsten Erwägung, ob diese Welt so ist, weil sie nach den
Gesetzen und Kräften so sein muss, oder ob diese Gesetze und
Kräfte in dieser Welt, wie sie ist, sein müssen. Die Naturforschung ist von der Entscheidung in dieser Frage nicht beeinflusst; sie hat aus den Erscheinungen die Gesetze und Kräfte
abzuleiten und mit denselben alle Erscheinungen causal zu begründen, für die Weltanschauung aber ist die Frage durchaus
maassgebend. Wenn man eine Tochterstadt mit der Mutterstadt
durch eine Strasse verbunden sieht, könnte man ebenso streiten,
dass diese Stadt gerade da angelegt werden musste, weil hier
die Strasse führte, oder dass hier die Strasse führt, weil dort
die Stadt liegt. Die Alten legten der Zahl causale Bedeutung
bei. In den durch Zahlen ausdrückbaren Höhendistanzen der
Töne, welche eine Harmonie gaben, und in der Abhängigkeit
aller Harmonien von bestimmten Zahlen und Grössen, glaubten
sie eben die Zahl als Ursache der Harmonie zu erkennen und
legten ihr causale und schöpferische Bedeutung bei. Dennoch
nehmen wir an, dass die Harmonie an sich ist, und dass nur
deren Verhältnisse a posteriori in solchen Zahlen Ausdruck finden.
Ebenso kann ja die Welt an sich sein und deren Verhältnisse
nur in solchen Gesetzen und Kräften ausdrückbar sein, während
letzteren allenthalben schöpferische und causale Kraft beige-
legt wird.

Wohl nicht die Gesetze und Kräfte sind es, welche dieser
Welt vorhergegangen sind, wird man entgegnen, dennoch aber
ist es der Stoff mit seinen Grundeigenschaften „Anziehungs-
und Abstossungskraft", was als erste Ursache gilt, und wovon
alles Andere mit Nothwendigkeit folgt. Auch nicht der Stoff!
Auch der Stoff kann nur innerhalb dieser Welt und
mit dieser Welt gedacht werden. Der Stoff existirt überhaupt
nicht unabhängig für sich und tritt allenthalben nur innerhalb
der Erscheinungen und Beziehungen als Bestandtheil der
Welt auf. In den chemischen Grundelementen haben wir bereits nicht mehr den Stoff für sich, sondern differenzirten Stoff,

folglich bereits Beziehungen und gewisse Bewegungscombinationen
vor uns. Die Elemente, welche sich nach specifischem Gewichte,
Elektricität, Farbe, Affinität u. s. w., also nach gewissen Bewegungsarten unterscheiden, sind allenfalls schon der Ausdruck
von Beziehungen. Und dass der Stoff, der für sich gar nicht .
existirt, oder nur denkbar ist, nicht a priori als erste Ursache
der Welt gelten kann, lässt sich durch eine Gegenprobe leicht
feststellen. Ich frage, ist der Stoff ohne diese Welt denkbar?
Lässt sich die Zweitheilung: „Stoff und Welt" auch nur speculativ durchführen? Oder ist auch der Stoff einschliesslich seiner
Anziehungs- und Abstossungskraft nicht anders als in dieser
Welt und mit dieser Welt zu denken? Wer da behauptet, dass
in dem Stoffe die Ursache der Welt potenziell, ohne dass diese
letztere auch nothwendig actuell würde, enthalten sei, der hat
jenen dualistischen Materialismus behauptet, den ich entschieden
bekämpfe. Um dieses Verhältniss aufzuklären, wollte ich mir
schon eine kleine Abschweifung gönnen. Möge man es immerhin Spiel nennen, dennoch wird sich darin Kern und Wesen der
heutigen Naturforschung charakterisiren.

So wollen wir uns zunächst an jenen Anfang der Welt versetzen, allwo wir nur den Stoff vor uns hätten und die Entwicklung der Welt vom ersten Werden angefangen, verfolgen
könnten. Wir können folgerichtig diesen Uranfang nicht einmal mehr dahin versetzen, wo wir bereits den in den chemischen
Elementen differenzirten Stoff vor uns haben, Diese Differenzirung muss, wie ich bereits hervorhob, eben nur als Be-
wegungsbeziehungen gedacht werden. Alle Elemente haben
dieselben Eigenschaften nur in anderen Verhältnissen und bezeichnen somit nur andere Beziehungen.

Dorthin, vor dasjenige Chaos hin, wo selbst die chemische
Differenzirung noch nicht erscheint, denken wir uns in unserer
Vorstellung einen alles erfassenden und alles überschauenden
Geist hingestellt. Mit dem Gegebensein der Anziehungs- und
Abstossungskraft nehmen wir das Gegebensein einer gewissen
Bewegung an. Diese erste Bewegung und die Stoffmasse in
ihrem durchdringenden Verhalten zu einander habe jetzt der
alles erfassende Geist in Augenschein zu nehmen, und hierauf
mit geschlossenen Augen, sage ich, den ganzen Verlauf des
wahrgenommenen Verhältnisses vorstellungsweise zu überblicken.
Ich betone noch einmal die Voraussetzung, dass dieser Geist,

vermöge seiner unbeschränkten Auffassungsfähigkeit, die ganze
Unendlichkeit hindurch jedes einzelne Atom in seinem Verhalten
überblicken können müsse. Er darf durchaus in Nichts beschränkt sein. Nun hat er, wie schon bemerkt wurde, das Auge
geschlossen, nachdem er die erste Bewegung in der ganzen
Stoffmasse überblickt hatte, um den weitern Verlauf in der Vorstellung auszumalen. Wie wird es sich da in seiner Vorstellung
gestalten?

Indem er jene erste Bewegung in der Art, wie sie sich innerhalb der Stoffmasse, da langsamer, da schneller vertheilt, berechnet, werden sich ihm gewisse Gruppen darstellen. Keine
einzelne Gruppe und kein einzelnes Atom entgeht seiner Berechnung. Alle hier bestehenden Verhältnisse und Differenzen
hinsichtlich des langsamer und des schneller Bewegten, hinsichtlich
des bloss in Molecularbewegung Mitgerissenen und des in Massen
und Gruppen Bewegten erkennt er auf's Genaueste. Wir nehmen
nun an, er hätte in allen diesen Verhältnissen die uns wohl-
bekannten Differenzirungen der chemischen Elemente vor sich.
Diese Verhältnisse überschaut er nun als solche, abgesehen von
den Einzelatomen und überblickt, in welchen Gruppen und Beziehungen eben diese Verhältnisse zu einander stehen. Daraus
ergeben sich seinem Anblicke Gruppen, Combinationen und Verhältnisse zweiter Ordnung. Er berechnet ferner die erste Bewegung in ihrer Vertheilung und Ausbreitung zwischen den
Gruppen als solche, in welcher Bewegung gegen einander
nämlich sich jetzt die Gruppen befinden müssen. So erkennt
er, nehmen wir an, das ganze Himmelssystem in seinen Beziehungen: wie es sich da in diesen Gruppen drängt, hemmt
und stösst, theilt und zusammenballt. Ich bemerke, dass da
keine neue oder vermehrte Bewegung zu verzeichnen ist; es
kommt immer nur die erste Bewegung in Betracht und zwar
in erster Reihe nach ihrem Verhalten innerhalb der Atome
und in zweiter Reihe nach dem innerhalb der gebildeten
Gruppen.

Blickt er ferner genau das Spiel der Verhältnisse innerhalb der einzelnen Gruppen durch, so ergeben sich ihm, immer
nur vermöge jener ersten Bewegung, Beziehungen in's Unendliche. Er beachtet nämlich, wie sich Bewegungsgruppen zu
Einzelbewegungen, wie sich Combinationen erster Ordnung zu
solchen zweiter verhalten, wie sich Einzelnes dieser Gruppen-

bewegung zu Einzelnen jener Gruppenbewegung verhält.   So
wird er, nehmen wir an, die Entzündungen, Strömungen, Er-
starrungen, Erdrevolutionen vor sich sehen und endlich Beziehungen berechnen, die für uns die Entwicklung der Organismen,
Pflanzen und Thiere nach der Darstellung des Darwinismus
bedeuten.

Noch mehr! Wenn wir menschliches Denken, Wissen und
Wollen als stoffliche Vorgänge bezeichnen wollten, die wir auch
allenfalls als weltliche Vorgänge bezeichnen müssen, so ist
es nicht anders denkbar, als dass jener alles durchschauende
und erfassende Kopf endlich sogar dazu gelangte, ein Bild der
Welt mit allen den Staaten, Städten, Völkern und Werken der
Kunst und Wissenschaft zu erhalten, gerade so, wie sie heute
besteht! Mehr als dies, behaupte ich noch demgemäss, dass im
Verlaufe seines Vorstellens sogar alle die Bilder vorübergerollt
wären, wie sie der Geschichte vom Anfange der Menschheit bis
heute entsprechen.   Und nun, was denkt man, wird jener alles
durchschauende Kopf, der alle diese Berechnungen mit geschlossenen Augen einzig und allein auf Grundlage des Anblickes
jener. ersten Stoffmasse und der ersten Bewegung anstellt,
schliesslich erblicken müssen, wenn er die Betrachtung bei einer
gewissen Weltconstellation unterbräche und die Augen öffnete?
Ich sage getrost: er müsste diese Welt, so weit sie ihm in der
Vorstellung gediehen war, wirklich und thatsächlich vor Augen
haben.   Das muss auch die heutige Naturforschung im Sinne
des Häckelismus zugestehen, wenn sie sich anders selbst
begreift!

Und wenn dem so wäre, wird man fragen, was folgt daraus?
Allererst, dass sich der Stoff nicht ohne die Welt für sich bestehend
denken lasse und dass Werden und Sein identisch sind, weil in
dieser Welt wenigstens nichts potentiell gedacht werden könne,
was nicht sofort actuell wäre.   Der dualistische Materialismus, der
den Stoff als a priori gegeben denkt, in welchem die Welt nur
in potentia und nicht in actu enthalten wäre, der hätte früher
das Unmögliche nachzuweisen, dass der Stoff für sich ohne diese
und zwar nur diese Welt denkbar sei.   Und so ist es mit
allen Ursachen; es giebt in dieser Welt nichts, was nur in
potentia ein Werden in sich enthielte, ohne dass dieses Werden
thatsächlich actuell würde.

In der Einzelerscheinung, aus der Gesammtwelt herausge-

rissen, glauben wir freilich oft eine Ursache anzugeben, welche
nur in potentia ein Werden in sich enthält, ohne dass dieses
actuell würde, weil andererseits ein Hinderniss dagegen obwaltet.
In der Weltfrage jedoch wissen wir, dass sowohl die Ursache
als jenes Hemmniss in eiserner Nothwendigkeit mit der Weltconstellation zusammenhängt und dass, von dieser Constellation ausgehend, die Erscheinung nicht einmal potentiell gegeben ist.

Um die eiserne Nothwendigkeit und Untrennbarkeit, wie
sie zwischen Stoff und Welt besteht, zu illustriren, behaupte
ich sogar, dass jener Alles durchschauende Kopf gar nicht vom
Anfange an und vom ersten Stoffe ausgehen müsste. Er dürfte
ebenso die erst beste Erscheinung inmitten der Welt heraus-
greifen, die Beziehungen derselben, wie sie mit der Welt
zusammenhängen, durchblicken; und er würde unfehlbar bei
der Voraussetzung seiner unbeschränkten Fähigkeit, aus dieser
Erscheinung allein von Beziehung zu Beziehung nach oben
und unten, nach vor- und rückwärts, nach rechts und links,
nach Vergangenheit und Zukunft das Bild der ganzen Welt
erlangen.

Und vermöge dieses untrennbaren Zusammenhanges der
Welt in sich und derselben mit dem Stoffe, erblicke ich sie im
Ganzen als gegeben; somit den Stoff und die Bewegungen und
die Gesetze und Kräfte in dieser und mit dieser Welt gegeben.
Der dualistische Materialismus aber, jene absolute Voraussetzung
des Stoffes ausserhalb der Welt und die Entstehung der Welt aus
dem Stoffe erscheint hierbei als durchaus und vielseitig unhaltbar.
Man bedenke nur die eine Unzulänglichkeit: Ich setze die Entwicklung der Welt auf viele Billionen Jahre; immer wird sich die
Unendlichkeit der Zeit zwischen den ewigen Stoff und den
zeitlichen Anfang der Entwicklung drängen; wie soll man fortan
vom Stoffe durch die Unendlichkeit hindurch zur ersten Entwicklung und zur Welt gelangen?

Da, wo wir den nothwendigen Zusammenhang zwischen
Stoff und Welt nachgewiesen haben, und wo die Naturforschung
allen Grund hat, diese Nothwendigkeit mit aller Entschiedenheit
zu behaupten, da kann ich es nur als Lächerlichkeit betrachten,
wenn man versuchen wollte, die Unendlichkeit der Zeit mitten in
diese Nothwendigkeitslinie hinein zu denken. Und doch
ginge es nicht anders, wenn der Stoff absolut a priori gegeben,

gedacht werden soll. Alle Millionen Jahre füllen die Unendlichkeit nicht aus, und es ist unmöglich, den Stoff von der Welt
zeitlich zu trennen, weil sofort die Unendlichkeit da-
zwischen käme. Nein, Zeit, Stoff, Welt, Ursache, Erscheinung,
alles ist in der Welt, und zwar nur in dieser Welt so. Die
Ursache der Welt ist nicht der Stoff. Ihr Sein ist erklärt durch
das Sein, wie alles, was ist, nur ist, weil es ist. Wenn
ein Stoff und eine Bewegung sein kann durch sich selbst, so
kann auch eine Blume und ein Sonnensystem sein durch sich
selbst. Das Sein bedarf keiner Erklärung noch einer Ursache.
Nur insofern wir die Erscheinungen als Beziehungen und Combinationen erkennen, suchen wir das „Wie" und „Woraus" der
Beziehungen zu erkennen, d. h. ursachlich zu erklären. Das ge-
geschieht nicht, um begreiflich zu machen, wie so etwas sein
kann, sondern um begreiflich zu machen, was es ist, und
wie so es an diesem Gegebenen sein kann. Die
Naturwissenschaft ist darum nicht so sehr erklärender als vielmehr darstellender und aufklärender Art. Wie so das, was
wir als Ei- und Spermazelle wahrnehmen, ein Mensch sein soll,
begreifen wir nicht vermöge des offenbaren Widerspruches.
Nun analysirt die Naturwissenschaft diese Zellen nach ihren
inneren Beziehungen, das sind deren physikalischen Eigenschaften; diese Beziehungen werden in ihrer Wechselwirkung
mit den gegebenen Verhältnissen nachgewiesen, woraus die
erste Entwicklungsphase sich ergiebt, und ähnlich von Phase
zu Phase, bis sich schliesslich jene Combination klar und deutlich
als thatsächlich gegeben erweist, welche wir Mensch nennen.
Dass aber alles so ist, bedarf nicht der Erklärung, und dass
diese Gesetze so sind, versteht sich von selbst, da diese Beziehungen sind.

Im Ganzen zweifle ich nicht, dass gegenüber dieser Auffassung unbedingt manche Schwankungen von Seiten der Naturforscher vorkommen müssen. So ganz zustimmen werden sie
nicht wollen, weil eben jener dualistische Materialismus, den
ich allenthalben als den eigentlichen Materialismus und allem
Anscheine nach auch in der Anthropogenie erkannt zu haben
glaube, unbedingt dadurch gerichtet ist. Und doch — dessen bin
ich sicher! — kann eben der rechte Materialist und die consequente Naturforschung diese Anffassung durchaus nicht in Allem
und Jedem ganz bekämpfen. Man wird mir auch gewiss nicht

sagen können, dass ein Widerspruch zwischen den früheren, so rein materialistischen und diesem zum Schluss teleologisch auslaufenden Capitel bestehe: Denn gerade in diesen früheren Capiteln sind die wesentlichsten Prämissen dieser Weltanschauung niedergelegt. Ich bin auch warmer Anhänger des Darwinismus und Häckelismus, weil ich dadurch eben jene Nothwendigkeitslinie zwischen Stoff und Welt durchgeführt weiss. Ich habe auch mit aller Entschiedenheit die Behauptung verfochten, dass der Stoff und seine Eigenschaften vollkommen genügen müssen, um ausschliesslich aus diesen selbst heraus die ganze Weltentwicklung zu begreifen; denn da diese Welt nothwendig solche Gesetze und Kräfte haben muss, so ist es offenbar, dass es nur einen Mangel an Wissen bedeutet, wenn wir es nicht vermögen, aus diesen Ursachen die Welt abzuleiten. Ueberhaupt ist mit der äussersten Consequenz des Materialismus sein Umschlagen bereits entschieden. Dort sahen wir, wie enge die Welt an den Stoff gekettet ist. Sieht man nun genauer hin, so zeigt sich, dass der Stoff ebenso enge an die Welt geschmiedet ist.

Wie macht man ein Fass? Ganz einfach, erwiderte einst auf diese Frage ein witziger Kopf, man nimmt ein grosses Loch, überzieht es mit Holz und das Fass ist fertig. Nichts könnte unsere Streitfrage besser beleuchten, als eben dieses Beispiel. Wie macht man die Welt? Ganz einfach, man nimmt den Stoff und die Naturgesetze, da ist die Welt fertig. Wer kündigt mir an, welches von beiden hier das Loch und welches die Fassdauben vorstellt. Ich glaube, die Naturgesetze bedeuten das Loch, und die Welt inhaltlich aller Erscheinungen ist das Fass! Gewiss müssen die Eigenschaften des Stoffes, wie sie in dieser Welt vorkommen, und die Gesetze unfehlbar zur Bestimmung dieser Welt führen, wie auch thatsächlich mit dem Loche das Fass genau bestimmt erscheint.

Die Naturforscher mögen mir nun in der entschiedenen Negirung jenes finstern dualistischen Materialismus zustimmen oder nicht: Eines ist entschieden gewonnen: Vom Standpunkte der Naturwissenschaft können sie mich nicht bekämpfen. Denn, so weit auch die Naturwissenschaft ihr Erkenntnissgebiet ausbreiten mag, die Weltauffassung bleibt immer ausserhalb derselben. Was dort auch erkannt werden mag, kommt nie in feindliche Berührung mit dieser

Weltauffassung. Die Naturwissenschaft waltet frei und unabhängig in ihrem Reiche, nicht nur in dem Umfange, wie es ihr angewiesen wird, sondern wie sie sich dieses unbehindert selbst bestimmen mag. Was sie durchdringt, aufklärt und der Wahrheit entsprechend darstellt, wird immer segensreich sein und mit Verehrung und Bewunderung aufgenommen werden. Sie wird, wie immer sie sich auch gestaltet, den sie umfassenden Rahmen der Weltauffassung nur belehrend ausfüllen und nie in keiner Weise sprengen können. Dieses Verhältniss muss leicht erkannt werden, wenn man bedenkt, dass Ausgangspunkt und Ziel aller Naturwissenschaft die Nothwendigkeit zwischen Stoff, Welt und Naturgesetzen in durchaus gleicher Weise bestehen müsse; ob jetzt angenommen wird, dass Stoff und Kräfte a priori gegeben sind, und aus diesen nothwendig diese Welt folgt, oder dass die Welt so, wie sie ist, gegeben erscheint, und uns mit derselben der Stoff und diese Gesetze nothwendig gegeben erscheinen.

Hiermit aber hätten wir die teleologische Frage, und zwar in ihrer Unabhängigkeit von der Naturwissenschaft vorerst nur eingeleitet.

Jenen dualistischen Materialismus, den ich durchaus mit aller Entschiedenheit bekämpfen möchte, musste ich als finstere und düstere Weltanschauung bezeichnen. So wie er in oberflächlicher Darstellung seiner meisten Vertreter aufgefasst werden muss, befindet man sich zu Anfang der Welt vor der einzigen chaotischen Stoffmasse mit der Grundeigenschaft, Anziehungs- und Abstossungskraft. So und nicht anders wird sich jeder Dutzendmaterialist den Anfang der Welt denken. Nichts enthält die Welt, nichts existirt annoch als die inhaltsleere Masse und die inhaltslosen Kräfte. Plötzlich beginnt das verhängnissvolle Spiel dieser Kräfte in völliger Blindheit, so dass ein Wirbel von Bewegungen entsteht, in dem sich zuletzt das Spiel des menschlichen Bewusstseins mit allen seinen Schmerzen und Leiden, trügerischem Schwärmen und hohler Bewunderung entwickelt. In blinder Grausamkeit drängt es in allen diesen Bewegungen fort und fort zu tausendfachen Bildern und Gestalten widersprechender Natur. Alles ist nothwendig n i c h t d u r c h s i c h s e l b s t, sondern durch die unselige Verbindung mit einer chaotischen Stoffmasse.   .

Hier sammeln sich einerseits die inhaltslosen Strömungen

zu dem verhängnissvollen, sich selbst 'schauenden Bewusstsein, das auch über sich hinaus das bunte Gewimmel erschaut, wie es sich blind drängend noch tausendfach zur Selbstqual gruppirt. Und bald wieder löst und bindet es sich zur Begehrlichkeit, Täus chung und zum trügerischen Lebensverlangen. Ein Wirbel! und die Blindheit erkennt sich und alles in der geistlosen Leerheit. Ein Zusammenströmen! und es gruppirt sich wie mildernd in beruhigter Resignation. Und wieder ein toller Stoss! da entsteht Liebe, Hoffnung, Mitgefühl, Beschämung und Sehnsucht für das inhaltslose Drängen inmitten des blinden Treibens. Lockend, neckend, höhnend, peinigend ballen sich die Gruppen gegen einander, eins dem andern zur Qual oder Täuschung.

So bewirkt es nicht wohlberechnende Bosheit — das hätte noch etwas zu bedeuten — sondern blinde, inhaltsleere Bewegung! So und nicht anders gestaltet sich Kern und Wesen jener verfehlten dualistisch-materialistischen Weltanschauung. Herr und Meister, Ursache und Bewegung der Welt und alles Wissens, der Schmerzen und der Freude ist immer die unheimliche chaotische Stoffmasse, deren ganzer Inhalt mit Anziehungs- und Abstossungskraft erschöpft ist. Alles, was die Welt verziert und unserem Wissen so reichhaltig und anregend erscheinen lässt, ist in erster Reihe willenloses Geschöpf der inhaltslosen Stoffmasse und seiner bedeutungslosen Bewegung.

Da lässt sich nicht streiten und klügeln; alle unsere Bedeutung, die Bedeutung unserer Lust und Schmerzen, unseres Wissens und Wollens geht nicht über das hinaus, was alles ist — blindes Bewegungsspiel inhaltsloser Stoffatome. Dieses einzusehen und phlegmatisch werden, ist eigentlich ein glückliches Stück ruhigen Bewegungsspieles, das vom Ungefähr gestossen, nur allzu leicht wieder den weisesten Philosophen zum thörichten, sei es verliebten oder ehrgeizigen oder sonstigen Narren macht, d. h. die ruhige Bewegung in einen Wirbel drängt. Was mir jedoch speciell an diesem blinden Bewegungsspiel, wenn sich mein Atomhaufen sich selbst beleuchtend reibt, am besten und possierlichsten erscheint — ist die arme Menschheit, jener Staubwirbel, der zwischen zwei Windströmungen genommen, einerseits von Pfaffen mit beständigen Vorwürfen und Gewissensbestürmungen ob solcher Sündhaftigkeit im Unglauben, und andererseits von den freisinnigen Aufklärern mit reichlichem Spotte

und Hohngelächter über den albernen Glauben und die phantasti-
sche Frömmigkeit, allseitig tüchtig in Arbeit genommen und
durchgepeitscht wird.

Und wenn sich im glücklichen Zusammenwirken von An-
ziehungs- und Abstossungskraft durch menschliche Erkenntniss
die Welt in ihrer wahren Gestalt sich selber zeigt, wer wollte
sich absichtlich und selbsttäuschend auf dem Wege gewaltsamer
Sophismen der offenbaren Wahrheit verschliessen? Wenn es der
menschlichen Erkenntniss so offenkundig wird!! Ist aber in
Wahrheit Stoff und Bewegung Meister und Bedeutung der Welt,
oder ist nicht vielmehr die Welt Meister und Bedeutung des
Stoffes und der Bewegung? Und ist dann bei solcher Auffassung die Welt in Allem und Jedem nicht bis auf ein Haar
wieder nur dieselbe, wie sie in solcher oder anderer Auffassung
eben ist?

Nein!

Allererst ist in der monistischen Weltauffassung die blinde,
unbedingte Nothwendigkeit gebrochen. Dass die Welt gerade
so ist, hat seinen Grund in sich selbst. Kein einzelnes Verhältniss in der Welt müsste so sein, wenn es nicht durch sich
selbst eben so wäre. Ich kann mir denken, dass die Welt
im Allgemeinen oder Einzelnen anders wäre. Wie? bei diesen
Naturgesetzen? Das wohl nicht! Ich würde mir nur dann andere
Naturgesetze denken! Alles, was die Phantasie nur an Welt-
constellationen ersinnen kann und auch nicht ersinnen kann —
kann ich mir eben so existent denken, wie den Stoff mit seinen
Eigenschaften. In jeder Weltconstellation aber fände die Naturforschung ihre, wenn auch andere Naturgesetze.

In solcher Auffassung erscheint nun auch jedes Stück der
Welt in der Bedeutung seiner eigenen Werthschätzung, indem
es nur durch sich selbst ist, so sehr es sich auch nach
gewissen Beziehungen analysiren lässt. In der dualistisch-
materialistischen Auffassung ist freilich für die menschliche Bewunderung kein Raum, da alles für den Menschen Grossartige
stets in Beziehungen zerfällt, die aus der Nothwendigkeit einer
inhaltslosen Bewegung des Stoffes hervorgehen. In unserem
Falle bewundern wir alles, was bewundernswerth ist, da es so
und nicht anders ist, ohne dass die Nothwendigkeit, so sein zu
müssen, anderswo, als eben in der Sache selbst zu suchen
wäre. Das Verhältniss der beiden Standpunkte und in welch

unrichtiger Weise die Welt von ihrem Nimbus entkleidet wird, wird uns durch ein einfaches Beispiel klar.

Einst hörte ich, wie ein Theaterbesucher einem Freunde gegenüber in volle Lobeserhebung über das eben aufgeführte Stück ausbrach. Da hatte er nicht genug zu rühmen und zu sprechen von den herrlichen Redensarten, von der Fülle der ausgedrückten Gedanken, von der treuen Nachbildung des menschlichen Lebens, von der packenden, wahrheitsvollen Schilderung menschlicher Leidenschaften und menschlicher Liebe; kurz, von allen den lieblichen Bildern, in welchen die heitern Lebensgewohnheiten ihren treuen Widerhall fanden. Er bewunderte zugleich die Kraft der lebensvollen Darstellung und die ausdrucksvolle Mimik, die rührend schönen Klänge in den wehmuthsvollen Klagen hoher Seelen und die hinreissende Gewalt in dem stürmischen Toben aufgeregter Heldengeister. Und siehe, ein Naseweis unternahm es, den begeisterten Mann über die Grundlosigkeit seiner Bewunderung aufzuklären. Er zog ein Büchlein aus der Tasche, zeigte ihm Scene für Scene des aufgeführten Stückes in demselben und fragte, was es da zu bewundern gäbe, wenn Schauspieler und Regisseur nur zu lesen brauchten und bei gründlicher Erfassung des Inhaltes sogar für Mimik, Darstellungsweise und Abwechslungen des Affectes genügende und sichere Anhaltspunkte erhielten? An dem ehrlich dummen Gesichte des so Belehrten konnte man auch leicht die Früchte der weisen Aufklärung beobachten. Da hat sich ja alles als pure Nothwendigkeit erwiesen! Das Büchlein war ihm absolut gegeben, und fort war die Illusion von menschlicher Kunst und Fähigkeit. Hätte er aber Dichtung und Spiel als ein Ganzes hinsichtlich menschlicher Schöpfung und Leistung erfasst, so hätten sich seine Aufklärung und ursprüngliche Bewunderung sehr wohl mit einander vereinen lassen.

Und ist es hinsichtlich der Weltauffassung anders? Auch hier fasse man die Welt als ein Ganzes, das eben so ist und stets nach seiner eigenen Bedeutung bemessen werden muss.

Und welche Bedeutung der Welt zukömmt, ob sie unsere Bewunderung oder unser Entsetzen erregen muss, das kann für den und von dem Menschen einzig und allein nur vom anthropocentrischen Standpunkte beurtheilt werden.

Vom anthropocentrischen Standpunkte aber wird uns die Weisheit jener Einrichtung — wenn sie besteht — zur Bewunderung hinreissen; wenn ihren Beziehungen Macht und Bedeutung zuerkannt werden muss, sagen wir einfach G u t e s und S c h l e c h t e s unterscheidbar zu gestatten. Zwischen diesen Beiden scheidet sich in einer ganzen Welt von Wechselbeziehungen — Tugend und Laster für den Menschen, welcher sich nach scheinbarer oder wirklicher, immerhin aber nach bewusster Selbständigkeit im Wollen bestimmt. Denn hier wäre B e d e u t u n g und G r u n d l a g e dem Bewusstsein geboten, das sich nur durch das Aufgebot des gewaltigsten Ringens zur Behauptung seiner selbst als fühlendes, strebendes Wesen emporheben und erhalten kann — — aber auch will!

Wie nun hinsichtlich dessen unser Urtheil über diese Welt ausfallen muss, darüber lässt sich allerdings viel streiten. Voltaire hielt es für recht unvernünftig in dieser Welt, dass ein Mann, der in der Befriedigung seiner geschlechtlichen Begierde nicht genug wählerisch und behutsam ist, in Gefahr geräth, der abscheulichen syphilitischen Krankheit zu verfallen. Ich meinerseits wäre, ohne ein besonderer Schwärmer für keusches Mönchswesen zu sein, vielmehr geneigt, in dem Gegensatz der Kräfte von gierigem Verlangen und natürlichen wie gesellschaftlichen Hemmnissen die Reichhaltigkeit jener Beziehungen zu bewundern, welche den alles überragenden Nimbus von tiefer Sehnsucht und Liebe in alle menschlichen Bestrebungen mischen.

Indessen kann es mir nicht beifallen, in allen einzelnen Beziehungen den Optimismus zu begründen, wenn es mir nicht gelingen soll, im Allgemeinen ein Princip für denselben aufzustellen. Es scheint mir nämlich wenigstens die Annahme begründet, dass Alles, was da ist, in der Existenz allein schon seine schönste Bedeutung habe, zumal Alles frei und unabhängig, wie es ist, d u r c h s i c h s e l b s t ist. Indem wir nicht mehr im chaotischen Stoffe und in der blinden Bewegung nothwendig Alles bestimmt finden; nunmehr, da das absolute Sein d e r W e l t i m A l l g e m e i n e n zukömmt, wo jedes Einzelne an diesem Werthe des absoluten Seins theilnimmt — ist gewiss Alles in seiner Weise gut und für sich bedeutungsvoll, da doch ausser demselben kein Zwang in Betreff seiner Existenz existirt.

Wenn der Stoff mit seinen zwei Kräften absolut a priori gedacht wird, so ist jedes einzelne Sein ausschliesslich von dieser rücksichtslosen Masse abhängig, ob es nun verhängnissvoll oder beglückend auftritt. Es muss so sein und kann nicht anders gedacht werden. Wenn aber die Welt in jeder einzelnen Beziehung, wie ich es darstellte, absolut a priori gedacht wird, wobei der nothwendige Zusammenhang mit dem Stoffe nur a posteriori auftritt, dann ist jede einzelne Beziehung unabhängig durch sich selbst, aus einem eigenen innern Grunde und im eigenen selbständigen Werthe, deshalb gewiss auch von irgend einem, wenn auch unbekannten Werthe.

Und nun wären wir auch in der Lage, den Begriff der Teleologie fertig zu bringen.

Ist die Voraussetzung richtig, dass Alles gut in seiner eigenen Bedeutung sein müsse, weil es durch Nichts als durch sich selbst nothwendig ist, dann ergiebt sich für die Forschung das Problem, jedes Einzelne als gut und bedeutungsvoll, wie es thatsächlich ist, auch darzustellen. Die Lösung dieses grossen und inhaltsreichen Problems fiele unter den Begriff der Teleologie als Wissenschaft. Die Teleologie ebenso wenig als die Naturwissenschaft würde nicht zu erklären haben, warum etwas sei, beide wären nur aufklärender Natur. Diese in der Darstellung der Erscheinungen als Beziehungen innerhalb des Gegebenen, jene in der Nachweisung aller Existenzen als gut und bedeutungsvoll.

Die Teleologie wäre auch nicht geeignet, wie schon Kant gründlich auseinandersetzt, durch sich selbst die Weisheit in der Welt oder gar Gott zu beweisen, da sie gerade umgekehrt die vorausgesetzte, nicht die erst zu beweisende Weltbedeutung in allen Einzelheiten als thatsächlich erkannt, darzustellen hätte.

Der Teleologie könnte auch füglich ihre Würdigkeit in Anbetracht der menschlichen Aufklärung nicht leicht streitig gemacht werden, wie es auch durchaus nicht verkannt werden darf, dass ihren bisherigen Leistungen die Naturwissenschaft, obwohl im Wesen unabhängig, — doch so manch bedeutungsvollen Fingerzeig zu verdanken hat.

Durch das glückliche Gegenüberstellen der Naturnothwendigkeit für die Naturwissenschaft und des absoluten Seins für die Teleologie wäre nun thatsächlich die Unabhängigkeit der Weltanschauung von der Naturwissenschaft erreicht. Indessen wäre es der Naturwissenschaft gegeben, wenn auch der Macht beraubt, von ihrem Standpunkte aus die Weltanschauung zu beeinflussen,

dennoch mit voller Gleichgiltigkeit gegen das Thun und Treiben
der Philosophie ihre Wege zu wandeln. So ganz kalt und freund-
schaftslos soll aber das Verhältniss nicht bestehen! Im nächsten
Capitel soll es mir daher obliegen, die Naturwissenschaft dadurch
zur Würdigung und Anerkennung der Philosophie zu veranlassen,
indem ich ihr auf ihrem eigenen Gebiete die unverkennbaren Ge-
leise und Spuren nachweise, welche sie selbst unbedingt als das
Gebiet der Philosophie wird anerkennen müssen.

Sechstes Capitel.
Naturauffassung und Weltauffassung.

Die Stellung der Anthropogenie zur Philosophie findet in einer zweifachen Behauptung Ausdruck.

Erstlich behauptet die Anthropogenie, dass die Naturforschung Philosophie für sich in Anspruch nehme, dass sie speculativ, und nicht nur reine Empirie sein müsse. Zweitens behauptet sie, dass die Philosophie innerhalb der Naturwissenschaft bereits gänzlich erschöpft sei, dass es überhaupt keine andere Philosophie als Naturphilosophie in dem engern Sinne von Naturwissenschaft geben könne, da kein anderes Object für unser Denken als die Erfahrung innerhalb der Natur existire.

Nun ergiebt sich die Eigenthümlichkeit meines Standpunktes in dem merkwürdigen Verhältnisse, dass ich mich selbst da, wo ich von vorn herein die Gegnerschaft erklärt habe, in erster Reihe doch in voller Zustimmung befinde.

Die Anthropogenie ist überhaupt für mich ein Lieblingsbuch, Darwinismus und Häckelismus sind meine Lieblingsideen geworden. Diese absolute Naturnothwendigkeit, die Untrennbarkeit alles Seins von den Gesetzen, in welchen es ist, und demgemäss jede naturgemässe Entwicklungstheorie sind so sehr geeignet, meine Weltauffassung zu stützen und lehrreich auszufüllen, dass ich diese grossen Leistungen nicht anders als mit grösster Verehrung und Bewunderung überschauen kann. In solcher Weise ist es nicht anders denkbar, als dass ich mit allem Eifer der Ansicht huldigen muss, dass die allgemeine Naturwissenschaft nur speculativer Art, also Naturphilosophie sein könne. Und was könnte Anderes in der Forderung der speculativen Naturforschung ausgesprochen sein, als dass alle Begriffe, die wir aus den Be-

trachtungen der Natur schöpfen, in allen Widersprüchen gelöst
erscheinen müssen, und dass diese Lösung zugleich maassgebend
sein soll, da Erkenntnisse zu bestimmen, wo die sinnliche Erfahrung nicht mehr ausreicht. Vollkommen entsprechend dem
Herbart'schen Begriffe der Philosophie, gilt uns auch innerhalb der
Naturforschung alles das für unbezweifelbar, was durch die Consequenz der richtig abgeleiteten Begriffe nothwendig gesetzt erscheint.
Nur nach dieser Forschungsmethode erkennen wir die Wahrheit der
Entwicklungstheorie, das Vorhandensein des Lichtäthers, das Licht
und ebenso die Wärme, die Elektricität, den Magnetismus als Bewegung; Alles, ohne dass uns die sinnliche Anschauung die directe
Wahrnehmung gestatten würde. Mit der Negirung der speculativen Naturforschung fällt das ganze System der heutigen Naturwissenschaft, hätten wir in der Physik stets nur ein trockenes
Register von Thatsachen zu verzeichnen. Wir wüssten auch so,
dass der Reflexionswinkel gleich dem Einfallswinkel sei; dass
aber der in der Reflexion bereits zurückgeschrittene Strahl mit
dem eben an der Reflexionsebene angelangten Strahl die Reflexion
gerade in dieser Richtung ergebe, hätten wir, weil nicht sinnlich anschaubar, ohne speculative Betrachtung nie gefunden und
ohne Anerkennung der speculativen Naturforschung nie anerkannt.
Dem Wesen nach ist somit in diesem so primitiven Satze der
Physik bereits Philosophie. Um uns vulgär auszudrücken: Wir
verlangen in der Forderung philosophischer Naturforschung eben
nur, dass wir in den naturwissenschaftlichen Darstellungen den
Verstand befriedigen, indem wir die dem Verstande sich aufdrängenden Fragen durch die entsprechende Analyse der Erscheinungen lösen. Der Verstand ist es, welcher die Analyse der
Lichterscheinung in solcher Weise fordert, dass alle innerhalb
dieser Erscheinung vorkommenden Beziehungen jener Analyse entsprechend dargestellt werden können. Die richtige Methode zur
Lösung dieses Problems führte zur Evidenz der Aetherschwingungen.
Der Verstand stellt, wie es bereits erörtert wurde, die Forderung
an uns, die Thiere auch in ihrer Stammes- und embryonalen
Entwicklung den stofflichen Bedingungen gemäss als stoffliche
Beziehungen darzustellen — so wurde der Darwinismus, wurde
der Häckelismus zur Evidenz!

Nach dieser Einleitung wollen wir auch bald entschlossen
zur zweiten Behauptung der Anthropogenie Stellung nehmen.

Wir geben zu, dass mit der Naturphilosophie als Naturwissenschaft die Philosophie auch schon völlig erschöpft sei; dass die Naturauffassung zugleich Weltauffassung bedeute — jedoch unter einer einzigen Bedingung!

Diejenige Philosophie sage ich, welche sich als die vollendete betrachtet wissen will, mag sie nun unter welchem Namen immer auftreten, muss vor Allem zugleich die allumfassende sein!

Wenn die Naturforschung für sich das Recht der Allein-herrschaft in Anspruch nimmt, dann muss sie auch die unver-kürzte Pflicht übernehmen, alle Fragen, wie sie innerhalb der Erscheinungswelt geltend werden, zu lösen; alle Begriffe, wie sie sich aus den Beziehungen der Erfahrungswelt ergeben, der gründlichen Untersuchung und Analyse zu unterziehen. Mit einem Worte: Man kann der Naturwissenschaft durchaus nicht die Berechtigung streitig machen, die Lösung aller Weltfragen für sich in Anspruch zu nehmen; man kann ihr jedoch andererseits wieder durchaus nicht die Berechtigung zugestehen, sich über gewisse störende Fragen nach Willkür hinwegzusetzen und dennoch mit dem Nimbus der Vollendung dastehen zu wollen. Schöner ist wahrlich noch nie eine von allen den unheilvollen Com-petenzstreitigkeiten gelöst worden.

Es wird dem Naturforscher, ja jedem Denker überhaupt das unbestreitbare Recht eingeräumt, alle nur möglichen Begriffe zu untersuchen, festzustellen und irgend einem Systeme passend anzureihen; doch einzig und allein unter der Bedingung, dass er dieses System erst dann als vollendet ausgebe, wenn alle Begriffe innerhalb desselben vollständig klar und deutlich aus-einander gesetzt erscheinen. Im anderen Falle ist es nöthig, das System in solche Grenzen einzuschränken, wie es mit jenen unvollendeten und unklaren Begriffen ausser Beziehung gedacht werden kann.

Und darum eben, sage ich, werden wir der Naturwissen-schaft so lange die Bedeutung einer Weltauffassung versagen müssen, bis es ihr gelungen ist, die heute noch unklaren und ungelösten Begriffe, auf welche in der Weltauffassung unbedingt Bezug genommen werden muss, mit entsprechender Analyse und Klarheit in ihr System einzureihen.

Ich säume auch nicht, diese Begriffe sofort namhaft zu machen und deren Wichtigkeit, zugleich aber auch deren Unklarheit in entsprechender Aufeinanderfolge nachzuweisen. Dazu zählen:

Der Zeitbegriff, der Raumbegriff, der Causalbegriff, der Objectivitätbegriff und der Begriff des menschlichen Bewusstseins.

A. Der Zeitbegriff.

In einem Collegium über die Mechanik hörte ich einst während meiner Universitätsstudien den lehrenden Professor seine Vorträge, wie folgt, einleiten:

„Meine Herren! Sie werden im Verlaufe meiner Darstellung oft genug den Ausdruck „Zeit" zu hören bekommen. Diesen Begriff des Nähern hier zu erörtern, würde uns zu weit führen; so mögen Sie sich vor der Hand damit begnügen, dass Sie sich unter irgend welcher Zeitbestimmung immer nur das vorstellen, was man sich sonst eben im allgemeinen Leben unter diesem Begriffe vorstellt, sei es, dass da von Jahren oder Stunden, Minuten oder Sekunden die Rede ist. — Das genügt auch völlig für unsern Zweck."

Ich muss gestehen, dass mir diese Methode sehr wohl gefiel; umsomehr, da ich überzeugt war, dass im anderen Falle, wo angehalten worden wäre, um vorerst den Zeitbegriff festzustellen, man am Ende des Semesters von der eigentlichen Mechanik gar nichts gewusst, von dem Zeitbegriffe aber nur höchst unklare Vorstellungen gewonnen hätte. Insofern ist es der Naturforschung nicht nur gestattet, sondern sogar dringlichst geboten, von gewissen Fragen abzusehen, und über diese, als einem fremden Gebiete angehörig, hinweg, den inneren Ausbau der Naturwissenschaft zu vollenden.

Nun aber ist damit noch keinesfalls die Bedeutung dieser Frage, wo es sich nicht nur um die von derselben unabhängig gemachte Naturforschung, sondern um die Alles umfassende Weltauffassung handelt, hinweg zu leugnen. Im Gegentheile sehen wir das zeitliche Verhältniss wie einen rothen Faden alle Welterscheinungen durchziehen und begreifen, dass die diesbezüglich zu erwartende Aufklärung geeignet sein kann, der ganzen Weltanschauung den eigentlichen Charakter zu verleihen. Die Naturforschung sage ich, kann sich, wenn es ihr dienlich erscheint, als unabhängig von dieser Frage erklären; obwohl sie nicht umhin kann, sich dieses unaufgeklärten Begriffes allenthalben zu bedienen. Für die Naturwissenschaft bildet das Wesen dieses Begriffes ein gewisses „x". Alle stofflichen Beziehungen, auf welche sich die Naturwissenschaft, wenn es ihr so geeignet erscheint, beschränken kann, lassen sich wohl untereinander genau bestimmen und in ihrer Abhängigkeit zu diesem „x" darstellen, welches schliesslich aufgelöst, wohl für den Werth der ganzen Gleichung maassgebend ist, aber doch nie die Richtigkeit und ewige Giltigkeit der Verhältnisse innerhalb der Gleichung erschüttern kann. Sagen wir z. B. $(x a + x b) = (x c - x d)$, so ist wohl der Werth der beiden Grössen so lange unbestimmt, als die Bestimmung des „x" abgeht; mag jedoch die Bestimmung dieses x wie immer ausfallen, so bleibt nach dieser Gleichung ewig das Verhältniss $(a + b) = (c - d)$ aufrecht. So kann man, wie nunmehr einleuchten muss, ewig giltige Erkenntnisse innerhalb der stofflichen Beziehungen auch bei Verwendung des unklaren Zeitbegriffes aufstellen, wie wohl die Weltanschauung gerade nur von der Bestimmung dieses Begriffes abhängig erscheint.

Indessen kann der Naturwissenschaft das Recht nicht bestritten werden, dass sie die Lösung des Zeitbegriffes für sich in Anspruch nehme; namentlich, wenn sie nichts Besseres zu thun zu haben glaubt, als sich in Erfüllung dieser schwierigen Aufgabe den Nimbus der Weltauffassung zu bewahren. Mancher Naturphilosoph versucht es wohl auch, die eine oder die andere Phrase zur Aufklärung dieses Begriffes vorzubringen; worin aber die absolute Unbestimmtheit dieses Begriffes trotz alledem besteht, will ich hier nur in Kürze auseinander zu setzen suchen.

Wir alle müssen, oder sollten wenigstens darüber einig sein, dass dieses so bestimmt auftretende Zeitverhältniss in keiner Weise als Attribut oder sonstige Eigenschaft direct und objectiv in den Stoff hineingedacht werden kann, wie etwa die Anziehungskraft oder die Bewegung.

Nun stelle ich einen klaren und unzweideutigen Widerspruch auf! Dieser Baum ist kahl — dieser, derselbe Baum steht in schönster Blüthenpracht! Greller kann doch ein Widerspruch gar nicht lauten. Nun frage ich, wodurch wollten oder könnten wir diesen klar formulirten Widerspruch lösen?

Gewiss nur dadurch und insofern wir das „Jetzt" und „Dann" hinzufügen: Jetzt ist dieser Baum kahl, dann (im Frühjahr) wird er in Blüthenpracht stehen. Jetzt? Dann?!!!

Ist dieses „Jetzt", dieses „Dann" nicht bloss subjectiv? was hat dieses „Jetzt" oder „Dann" mit dem Baume zu schaffen?

Wie kann das rein subjectiv Hinzugedachte den crassen Widerspruch der stofflichen Beziehungen ausgleichen?

Ich weiss, dass so Mancher versuchen wird, dieses „jetzt"
und „dann" mit „Winter" und „Frühjahr" zu vertauschen, d. h.
den Widerspruch mit dem Hinweise auf die veränderten Beziehungen und Vorgänge der chemischen Einwirkung der Sonnen-
strahlen, der Wärmewirkungen u. s. w. auszugleichen. Vergeb-
licher Versuch! Der Widerspruch tritt sofort ebenso eclatant
zwischen dem „nicht und ja" dieser Beziehungen hervor!
Diese Beziehungen, die den Blüthenstand bedeuten, sind nicht
— sind ja! Was immer vorgebracht werden mag, um die Veränderung, das Anderssein desselben begreiflich zu machen, werden
wir immer eben auf das Vorgebrachte sagen: „Ist — ist nicht!"
Nur das Jetzt und Dann ist geeignet, den Widerspruch zu lösen!
Ich bin — bin nicht! die Beziehungen meines Seins sind — sind
nicht. Wohl jetzt sind sie, nach Jahren werden sie nicht sein.
Was bedeutet aber dieses „Jetzt" und „Dann" objectiv für den
Stoff? Doch, wird man sagen, von Widerspruch kann hier nicht
die Rede sein — der Baum, welcher kahl ist, ist gar nicht
derselbe, welcher blüht. Die Beziehungen nämlich, welche den
Blüthenstand ergeben, sind ganz anders als die, welche die
Kahlheit des Baumes ausmachen. Nun denn, ich wollte, dass
man sich zu dieser Auffassung bekehrte, denn dann wäre der von
mir bekämpfte dualistische Materialismus gerichtet, das Werden
in der Natur gestrichen, das absolute Sein der Erscheinungen,
meine Weltauffassung vom vorigen Capitel einfach anerkannt. Ich weiss, dass wohl Mancher jene Behauptungen, wie
sie im vorigen Capitel auseinandergesetzt wurden, mit bedenk-
lichem Kopfschütteln aufnehmen mag, indessen stehen sie im
innigen Zusammenhange mit dem hier besprochenen Zeitverhält-
nisse. Auch dieser Zusammenhang mag wohl nicht allseitig so
obenhin begriffen werden, ihn zu begründen gehört jedoch nicht
in den Rahmen dieser Abhandlung. So will ich mich begnügen
zu constatiren, dass es so einfach nicht damit gedient ist, den
blühenden Baum als etwas Verschiedenes von dem kahlen aus-
zugeben, denn auch dann besteht dasselbe Verhältniss nur doppel-
mässig „der kahle Baum ist — ist nicht" (ist jetzt, und zur
Zeit des blühenden nicht), der blühende ist — ist nicht (ist
jetzt, und zur Zeit des kahlen nicht).

So ist das Problem klar formulirt: Dass es in bedeutender

Weise maassgebend für die Weltanschauung ist, versteht sich von selbst; es zu lösen, wäre die Aufgabe der Naturforschung, wenn sie die Weltanschauung bedeuten soll. Nur müssen wir uns dringend verbeten, dass dieses Problem nicht mit einfachen, inhaltsleeren Phrasen, mit hohlen Redensarten von der Naturwissenschaft mehr abgefertigt als gelöst werden soll. Wir sind ja in der glücklichen Lage, der Naturforschung ein entsprechendes Muster für die ausreichende Lösung zu geben. Aehnlich, wie die Beziehungen der Strahlenbrechung in aller Klarheit von ihr dargestellt werden, so und nicht anders möge sie die zeitlichen Verhältnisse und Beziehungen wissenschaftlich auseinandersetzen und gleichsam in bestimmte Formel bringen. So lange ihr das nicht gelingt, möge sie in diesem Verhältnisse innerhalb ihres eigenen Gebietes an die wichtige Unterscheidung von Natur- und Weltauffassung gemahnt werden!

B. Der Raumbegriff.

Noch leichter nehmen wir es gewöhnlich mit dem Raumbegriffe, weil dieses Verhältniss sich mehr in objectiver Weise der sinnlichen Anschauung kundgiebt. Auch ich will es mit diesem Momente leichter nehmen, da es ja gerade auf dasselbe allein nicht ankommt. Ich constatire nur, dass auch der Raumbegriff nicht als inneres Attribut des Stoffes aufgefasst werden kann, und dass somit das Problem vom Zeitbegriff vielfach auch auf das räumliche Verhältniss Anwendung findet.

C. Der Causalbegriff.

Das Causalprincip ist eines der wichtigsten Pfeiler der Naturwissenschaft. Man kann auch hinsichtlich dieses Begriffes der Naturwissenschaft nicht völlige Gleichgiltigkeit vorwerfen; wiewohl ich es immer nur daselbst so dargestellt finde, wie es sich im Vorhinein für den Hausgebrauch der Naturwissenschaft als Bedürfniss herausgestellt hat. Von befriedigender Lösung aller der Fragen, die ursprünglich sogar von materialistischer Seite gegen diesen Causalitätsbegriff geltend gemacht wurden, kann nach Allem, was uns vorliegt, nicht die Rede sein. Hauptsächlich halte ich vom vorigen Capitel die Forderung vollständiger Identität zwischen Ursache und Wirkung aufrecht, und diese Identität ist es ja vorzüglich, welche uns den

Begriff des Werdens sanft in denjenigen des absoluten Seins
hinüberlenkt, wie ich es im vorigen Capitel dem dualistischen
Materialismus gegenüber geltend zu machen suchte.

D. Der Objectivitätsbegriff.

Ich weiss, dass kein Forscher mehr darüber im Unklaren
ist, wie unsere Empfindung und sinnliche Wahrnehmung zu Stande
kommen.

Ich halte fest an der Objectivität der Dinge, und auch an
deren Realität! Nun gehen von diesem Dinge Schwingungen aus,
auf welche die einen oder anderen unserer Nerven reagiren.
Diese Reaction, und nur diese, gelangt zu unserem Bewusstsein
in der Gestalt unserer Wahrnehmung. Demnach wird sich diese
Wahrnehmung zu dem Dinge ungefähr so verhalten, wie etwa
das Leuchten des Gases, welches mit Sauerstoff in die Beziehung
des Verbrennens tritt, sich zu diesem Sauerstoff und diesem
Gase verhält. Worauf beruht nun unsere Erkenntniss von der
Objectivität der Dinge, wenn sie nie anders als durch die
Vermittlung einer gewissen Nervenreaction zu unserer Wahrnehmung gelangen? Das Ding da draussen ist wohl, diese Bewegungsarten (ich kann nicht sagen sind) entsprechen wohl
äusseren Vorgängen an sich, doch wo fänden wir auch nur den
entferntesten Anhaltspunkt zur objectiven Bestimmung derselben?
Die Naturforschung thut freilich sehr wohl daran, solche Fragen
bei Seite liegen zu lassen, da diese vor der Hand ihrer Thätigkeit bestens nur einen Riegel vorschieben würden. Die objective
Giltigkeit der Naturwissenschaft ist von der objectiven Unbestimmtheit der Dinge auch nicht abhängig. Mag das Ding
draussen, und mögen dessen Vorgänge an sich von welcher Beschaffenheit immer sein, die von der Naturforschung erkannten
Verhältnisse werden innerhalb dieses unbekannten „x" doch ewig
so sein, da sie den Beziehungen innerhalb unserer Wahrnehmung
entsprechen, und die Beziehungen unserer Wahrnehmung genau
den Verhältnissen der Dinge, von welchen sie stammten, entsprechen müssen.

Im dritten Capitel meiner Abhandlung: „Ein Beitrag zur
Seelenfrage" habe ich diese Objectivität der Naturwissenschaft
trotz der Unzulänglichkeit unserer Kenntniss vom Dinge „an
sich" gründlich erörtert, jedoch immerhin nur insofern, als es

auf die Beziehungen und Verhältnisse Bezug hat. Die Kenntniss und Bestimmung der Dinge selbst aber bleibt uns ein- für allemal versagt. Man irre sich nicht: in dem getreuen Bildchen an der Netzhaut unserer Augen ist der getreue Ausdruck der Dinge in der Wahrnehmung n i c h t erwiesen.

Dort, wo schon längst das Bildchen an der Netzhaut erschienen ist, beginnt erst die Schwierigkeit, dieses getreue Bildchen zur Wahrnehmung zu bringen, nachdem diese immer nur ein von dem Dinge herrührender Affect, nicht das Ding selbst sein kann. Die Naturforscher, muss ich gestehen, versäumen es gänzlich, das Verhältniss dieses Affectes zum Dinge näher zu bestimmen, — selbst dann, wenn sie allen Ernstes die Bedeutung einer Weltauffassung für sich in Anspruch nehmen. Gut, ich will das Verhältniss bestimmen: Die Wahrnehmung des Dinges steht zu dem Dinge in dem ähnlichen Verhältniss, wie die Physiker das Verhältniss der rothen Farbe zu einer gewissen Wellenform auffassen. Ich frage nun, darf man ohne nähere Analyse dieses Verhältnisses noch ferner von einer Weltanschauung sprechen, zumal von einer solchen, nach welcher a priori eine chaotische Stoffmasse mit Anziehungs- und Abstossungskraft ohne Welt gegeben wäre? Man täusche sich nicht, viele Materialisten glauben förmlich am Anfange der Welt einen Stoffwirbel objectiv gerade so bestehend, wie ihr Nervenaffect ihnen sonst Stoff und Bewegung zur Vorstellung bringt.

Ich habe es oft erwogen, woher es kommen mag, dass in allen materialistischen Werken dieses merkwürdige Verhältniss, trotzdem es seit Kant zum allgemeinen Dogma werden musste, mit keinem Sterbenswörtchen berührt wird; da doch sonst so Manches in erwähnenswerther Weise von ihnen behandelt wird. Es ist kein Zweifel, dass die Materialisten von diesem Verhältnisse unterrichtet sind — es ist ja zu allgemein bekannt — es trifft auch geradezu jenen dualistischen Materialismus bis in's Herzblut. Wie kommt es, dass da kein Wörtchen der Vertheidigung, wenn auch nur schwach, ertönt? Ist die Frage so gleichgiltiger Natur, dass sie völlig ignorirt werden darf? ich kann, ich darf nicht glauben, wenigstens von Allen nicht glauben, dass man sie ignoriren will. Sei es, wie immer damit bestellt, so lange dieses Verhältniss nicht bündig und wissenschaftlich erläutert erscheint, kann die Naturforschung nicht auf den Nimbus von Weltforschung Anspruch machen.

E. Der Begriff des menschlichen Bewusstseins.

Der Naturforschung, die sich die Bedeutung einer Weltauffassung zumisst, muss allerdings zugestanden werden, dass sie
wenigstens über das Capitel des menschlichen Bewusstseins nicht
mit völliger Gleichgiltigkeit hinwegging. Hier aber muss auch
eine Fülle von Irrthümern und Irrwegen verzeichnet werden, die
uns vollkommen überzeugen, wie sehr die Naturwissenschaft ihre
sonstige Gründlichkeit gerade in jenen Fragen vermissen lässt,
welche anderweitig auch von der Philosophie in Anspruch genommen werden.

Die Erscheinung des menschlichen Bewusstseins fassen einige,
vielleicht sogar die meisten Naturforscher mit völliger Entschiedenheit als stoffliche Vorgänge auf. Stoff! Ich will diesen Begriff
nach dem Muster der Naturforschung ebenfalls ohne zureichende
Definition nur so nehmen, wie er eben, sagen wir, in der wissenschaftlichen Welt genommen wird — Stoff mit dem Attribute
der Bewegung. Um die Stofflichkeit des Bewusstseins behaupten
zu können, haben namhafte Naturforscher die eingehendsten
Untersuchungen angestellt und auch nicht ermangelt, bedeutungs-
volle Vernunftgründe hervorzuheben, welche die Stofflichkeit des
Bewusstseins zur Evidenz machen sollen. Die angestellten Untersuchungen lassen keinen Zweifel mehr darüber aufkommen, dass
ein inniger Zusammenhang zwischen stofflichen Vorgängen und
Denkfähigkeit thatsächlich besteht.

Zerstörungen bestimmter Gehirntheile hatten bestimmte
Bewusstseinsstörungen zur Folge. Nahrungs- und Athmungs-
elemente zeigten sich von unverkennbarem Einflusse auf die Art
und Weise unseres Denkens. Die verminderte oder vermehrte
Denkthätigkeit zeigt sich mit mess- und bestimmbaren Veränderungen des Gehirnzustandes verbunden, eine Thatsache, die
aus den genauesten Untersuchungen der Körperbeschaffenheit
eines Denkers vor und nach dem Schlafe mit Evidenz hervorging.
Die verschiedenartigen Gehirnbildungen der einzelnen Individuen
entsprechen im Allgemeinen der individuellen Denkfähigkeit.
Die Vererbung der geistigen Fähigkeiten kann nach dem Umstande der Stofflichkeit des Zeugungs- und Entwicklungsactes
nur durch Vererbung der stofflichen Beschaffenheit gedacht werden.
Die Charaktere, Ausdruck des Wollens, Urtheilens und Begehrens,

welch letztere in dem Bewusstsein entspringen, sind in dem
Temperamente, der stofflichen Beschaffenheit des Körpers genau
vorgezeichnet.

Im Einklange mit allen den Ergebnissen dieser Untersuchungen heben noch überdies die Vernunftgründe hervor, dass
jede Erscheinung und Function auf irgend einem Substrat be-
ruhen muss, dass unser Bewusstsein, weil nicht ursprünglich und
absolut, eben nur als Function und Erscheinung aufgefasst werden
könne, und dass somit dessen Substrat in der Welt, die sich in
dem Stoffbegriffe gänzlich erschöpft, also in dem Stoffe gedacht
werden muss. Die Vernunftgründe machen weiter geltend, dass
eine specifische Trennung des Bewusstseins als ein Besonderes
von dem stofflichen Gebilde nicht denkbar sei; weil dann die
Wechselwirkung und Wechselbeziehung zwischen den Besonderen,
zwischen dem andern Substrat als Ursache und der anderartigen
Function als Wirkung absolut unbegreiflich erschiene. Ferner
heben die Vernunftgründe hervor, dass unsere Unwissenheit in
Anbetracht der Bewusstseinsvorgänge als stoffliche Bewegungen,
durchaus noch nicht berechtige, die Besonderheit zwischen Beiden
anzunehmen. Wenn auch, sagen die Vernunftgründe, bis heute
noch nicht die Analyse der Gehirnfunctionen in der Weise gelungen ist, dass in denselben klar und unzweideutig die Bewusstseinserscheinung erkannt würde; so ist doch ob dieses
negativen Resultates die positive Behauptung nicht gestattet,
dass dieses Bewusstsein ein von stofflichen Vorgängen Besonderes sei.

Auch anderweitig hat die Naturforschung eine Menge dunkler
Partien zu constatiren, in denen doch Keinem beifallen wird, deren
Stofflichkeit zu bezweifeln.

Mit dem bequemen Auskunftsmittel der Sonderstellung und
Ausscheidung aus den gewöhnlichen Naturerscheinungen, so denken
viele Naturforscher, wäre ja von vornherein das Streben nach
endlicher Erkenntniss in unverzeihlichster Weise nach Willkür
zu beschränken. Ich wäre meinerseits geneigt, noch einen Ver-
nunftgrund hier anzuschliessen.

Es scheint nämlich, als ob die Naturforschung, oder wenn
es mir gestattet ist, die Unterscheidung (zwischen Naturforschung
und Materialismus) vorweg zu nehmen, besser — der Materialismus nach dem Muster des alten Philosophirens, wo man, um
in dem finstern Umhertappen doch etwas sagen zu können, sich

mit solch lockerer Anwendung der Logik zufrieden gab, hier
argumentirt. Darum klingt mir aus allen diesen Vernunftgründen
noch ferner heraus, als ob ich die Materialisten sagen hörte:
„Gestehet nur, ihr Philosophen, dass in allen diesen Argumenten
noch immer so viel Logik enthalten ist, als ihr daran von allen
den philosophischen Systemen verwöhnt wurdet!" Ich könnte
nicht absolut widersprechen, und namentlich nicht hinsichtlich
aller Leistungen der Philosophie.

Gegenüber der Naturphilosophie, und namentlich im Sinne
der Anthropogenie, haben wir jedoch vor Allem auf die Forderung
„gleiches Maass für Alles" zu bestehen. In solcher Weise sind
wir auch zur Frage an die Naturforschung berechtigt:

„Seid ihr hier ebenso gründlich vorgegangen, als ihr selbst
es in der Darstellung Eueres ureigenen Reiches, auf dem Gebiete
der inneren Naturforschung für unbedingt nothwendig erachtet?"

Das nicht — wird man leicht an manchen höchst einfachen
und leicht begriffenen Beispielen nachweisen können.

a. Die stofflichen Reactionen des Bewusstseins.

Wenn ein Körper unserer Beurtheilung vorläge, von dem
man zweifeln dürfte, ob er das Element Eisen in modificirter
Form, oder eine Composition von Eisen und irgend einem andern
unbekannten Stoffe vorstelle — wird man genügend überzeugt
werden, dass es bloss Eisen in modificirter Form sei, wenn dieser
Körper auf alle Reagentien des Eisens reagiren würde? Mit
nichten doch! Würde man nicht zuvor geneigt sein, noch andere
Reagentien anzuwenden, auf welche Eisen nicht reagirt, um im
günstigen Falle denn doch vielleicht eine Reaction hervorzubringen, die das Vorhandensein eines besondern Stoffes beweisen
würde? Und wie, wenn sich schliesslich herausstellen sollte, dass
Eisen selbst in Beziehung zu diesem Körper eine Reaction hervorbringe, wird man dann noch immer behaupten, dass letzteres
pures Eisen sei? und bloss modificirt erscheine?

Legen wir nun den gleichen Maassstab für die angestellten
Untersuchungen bezüglich des Bewusstseins an. Das Bewusstsein zerfällt offenbar in zwei scharf getrennte Bestandtheile
— in das Object des Bewusstseins und das Wissen dieses Objectes. Dieses Object bildet unbedingt den stofflichen Antheil
des Bewusstseins. Der Gegenstand bewirkt einen Nerven- und
durch Leitung zugleich einen Gehirneffect. Dieser Effect in der

Form einer stofflichen Bewegung ist es, was gewusst wird. Nun entsteht die Frage, ist jener stoffliche Vorgang, dieser Gehirneffect, welcher gewusst wird, sofort auch identisch mit dem Wissen? Ist Wissen und stoffliches Object identisch, oder ist dieses Wissen des Objectes eine Combination des Effectes mit dem Wissen desselben als Besonderem? Ebenso, insofern die Einzelvorstellungen den Denkstoff ausmachen, ist Denken und Denkfähigkeit blosser Gehirneffect oder Wechselwirkung zwischen demselben und zwischen der Wissensfunction? So, und nur so, muss die Frage formulirt werden. Hören wir nun, was die Untersuchungen hinsichtlich dessen gelehrt haben!

Die Untersuchungen haben gezeigt, dass Bewusstsein und Denken auf stoffliche Reagentien reagiren!

Was folgt daraus? Allenfalls, dass in Anbetracht des Denkens stoffliche Vorgänge zu constatiren sind. Ist es aber dadurch festgestellt, dass nur stoffliche und nicht auch sonstige Vorgänge hier vorkommen können? Die stofflichen Vorgänge sind noch vor jeder Untersuchung aus der einfachen Analyse der Wahrnehmung und Vorstellung constatirt. Die einfache Analyse des Begriffes hat ja die Vorstellung bereits in einem Gehirneffect und in das Wissen desselben zerlegt. Stoffliche Reactionen mussten wir demnach im Vorhinein erwarten — stoffliche Reactionen bringen deshalb die Frage nicht um Haaresbreite der Lösung näher. Stoffliche Vorgänge sind hier. Es frägt sich aber, ob dieselben, der Gehirneffect nämlich, bereits das Wissen dieses Effectes — nur der Gehirneffect, nicht der Gegenstand, der draussen ist, bildet das Wissensobject — bedeute, oder ob Gehirneffect erst in Combination mit dem Wissen das Wissen des Objectes ausmache.

Wenn hier die stofflichen Reactionen die absolute Identität des Wissens mit dem Gehirneffecte beweisen sollten, dann müsste ich folgerichtig Wasser als völlig identisch mit Sauerstoff halten. Wie wir durch Gehirnverletzungen das Denken zerstören, so zerstören wir Wasser durch Kalium, in welchem wir nur eine Beziehung zum Sauerstoffe erkennen. Sehen wir davon ab, dass durch die Hitze zufällig der frei gewordene Wasserstoff sofort wieder zu Wasser verbrennt, und nehmen wir an, die Untersuchung, ob hier irgend ein Bestandtheil frei geworden sei, würde versäumt oder wäre nicht möglich, so hielten wir nach der Consequenz jener Methode, wie in Untersuchung des Bewusstseins vorgegangen wird, Wasser für identisch mit und nur als Modification des Sauerstoffes.

Wozu übrigens der vielen Worte? Man mache nur einen gründlichen Chemiker zum Schiedsrichter und er wird sagen müssen, dass alle die angestellten Untersuchungen allenfalls eine Wechselbeziehung zwischen Bewusstseins- und Gehirnfunction beweisen, nicht im entferntesten aber auch die völlige Identität der Beiden.

Wohl sieht man bei Zerstörungen des Gehirns nicht etwas dem Bewusstsein Angehöriges frei werden! Beweist dies, dass nichts frei wird? Ich will hier keine Unsterblichkeit beweisen und nur vom wissenschaftlichen Standpunkte die Frage aufstellen, wodurch man es zur Evidenz erwiesen hat, dass hier Nichts frei wird, um daraus ein Argument für die Stofflichkeit zu schnitzen? Vielleicht, weil noch nichts dergleichen wahrgenommen wurde? So denke man sich eine Wasserstoffflamme — den Wasserstoff würde man noch nicht kennen — nun wollte man wissen, was es denn für Beziehung mit dieser Flamme habe. Man entzieht ihr die Luft, — also den Sauerstoff, — die Flamme verlischt — man erhitzt die Mündung des Gefässes und gestattet den Luftzutritt — die Flamme erscheint; man regulirt den Luftzutritt nach bestimmten Quantitäten — dementsprechend variirt die Flamme — allgemeiner Jubel! Das Wesen der Flamme als Vorgang am Sauerstoffe, und zwar ausschliesslich am Sauerstoffe, ist durch die Untersuchungen sichergestellt. Wer da noch irgend eine besondere Beziehung ausser jenem innerhalb des Sauerstoffes allein vermuthet, verschliesst sich hartnäckig der Erkenntniss, die aus der verlässlichen Untersuchung evident geworden ist! Nicht anders, wenn wir uns die Chemie noch in dem Anfangsstadium denken! In dem Glasgefässe, an dessen Oeffnung die Flamme erscheint, nehmen wir nichts wahr; die Flasche, nehme ich an, sieht wie jede andere Flasche aus. Untersuchungen über die Gewichtsverhältnisse dieser Flasche und andere Reactionen anzustellen, fällt Keinem bei. Kurz, man sieht nichts, man hört nichts, man hat nur die Flamme vor Augen, die sich ganz und gar vom Sauerstoffe abhängig zeigt. Wohl gelingt die Entzündung des Sauerstoffes nirgends als eben an der Oeffnung dieser Flasche, wohl hat es auch hier bald mit der Flammenherrlichkeit nach Verbrauch des Wasserstoffes ein Ende — das sind jedoch nur Abhängigkeitsverhältnisse, über die uns derzeit

noch der Aufschluss fehlt — genug, es kann hier nur vom
Sauerstoffe die Rede sein. Aehnlich liesse sich ja denken, dass
Vorstellen und Wissen analog der Flamme, identisch mit einer
Wechselwirkung zwischen Bewusstseinssubstrat und Gehirnzustand
sei — haben die Untersuchungen diese Annahme widerlegt? Und
warum wir es so annehmen möchten, kommt noch zur Sprache!

Ich vergesse nicht daran, dass so mancher sich dagegen
verwahren möchte, dass ich Einzelwahrnehmungen mit Denkthätigkeit verwechsle. Vor der Einzelwahrnehmung hätte man
noch eine Wechselwirkung zwischen Gehirneffect und Bewusstsein,
also auch gegenseitige Abhängigkeit voraussetzen dürfen; die
Denkthätigkeit soll jedoch nach allgemeiner Annahme innerer
Vorgang des Bewusstseins sein; woher also hier die Abhängigkeit von stofflicher Beschaffenheit?

Nun ist es freilich recht verdriesslich, im Verfolgen einer
Idee auf jede oberflächliche Entgegnung eingehen zu müssen;
dennoch muss es geschehen, um nicht selber der Oberflächlichkeit geziehen zu werden.

Das Einverständniss ist hier auch leicht herzustellen: Wenn
einmal die Wechselbeziehung und Wechselwirkung hinsichtlich
der Einzelwahrnehmung gedacht wird, so ist das Bewusstsein
auf der ganzen Functionslinie nicht mehr ausserhalb dieser Beziehung und Abhängigkeit zu denken.

Im zweiten Capitel des dritten Abschnittes meiner Abhandlung: „Ein Beitrag zur Seelenfrage," habe ich die Art und
Weise dieser Abhängigkeit in vielen Einzelheiten analytisch dargestellt, hier dürfte zum Behufe einer Vorstellbarkeit dieses
Verhältnisses ein einfaches Beispiel genügen:

Wenn ein Kaufmann nur insofern von einem andern abhängig ist, als er von demselben Geld zum Handel vorgestreckt
erhält, wird sich nicht der ganze Charakter seines Handels trotz
aller Selbständigkeit unwillkürlich von dieser Geldbelehnung
beeinflusst zeigen? Gewiss würden Unternehmung, Speculation,
Wagniss, weitreichende Beziehung mehr oder minder gedrückt
erscheinen, je nachdem sein Abhängigkeitsverhältniss Schranken,
Pflichten und Wahrung des Vertrauens mit sich bringt.

Indessen hat es in Anbetracht der Bewusstseinsfrage mit
dem negativen Resultate noch nicht sein Bewenden. Wenn
schon Untersuchungen angestellt werden sollen, so zeigt sich
eine andere Methode derselben angezeigt. Ich halte mich an

das Beispiel von jenem Körper, der auf alle Reagentien des
Eisens reagirt und doch zum Zweifel berechtigt, dass hier nicht
so sehr eine besondere Modification, sondern eine besondere Composition aus Eisen und einem anderen Stoffe vorliege.

Wenn man nun durch verschiedene Lösungsmethoden, die
namentlich für Eisen anwendbar sind, das Eisen zur Lösung
brächte, und dabei noch ein gewisser Rückstand ungelöst zurück-
bliebe, so wird es immer wahrscheinlicher, dass hier noch ein
besonderer Stoff ausser dem nunmehr gelöstem Eisen angenommen werden müsse. Nicht mit Sicherheit, da Eisen selbst
in zwei Modificationen vorkommen könnte, für welche Beide
nicht nothwendig das gleiche Lösemittel anwendbar sein müsste.

In gleicher Weise, dachte ich, dürfte es erspriesslich sein,
dieses Wissen des Objectes, d. h. des Gehirneffectes von dem
stofflichen Vorgange, dem Gehirneffecte losgelöst für sich reagiren
zu lassen. Freilich darf diese Loslösung nicht in der Weise
geschehen, dass wir das Gehirn zerstören und uns mit demselben
auch das Bewusstsein ganz entschwinden lassen, sondern so
lange noch und in der Weise, als wir seiner noch habhaft sind;
indem wir unser eigenes Bewusstsein zum Gegenstande der
Untersuchung machen und demgemäss irgend ein passendes Experiment ausführen.

Indem wir aber die Objecte des Wissens beliebig wechseln
lassen, zeigt sich das verlangte Experiment auch schon gelungen.
Diese Abwechslung der Gehirneffecte sind thatsächlich einer
Lösung gleich zu achten, bei welcher jenes Wissen nun wirklich
als ungelöster Rückstand zurückbleibt. Der Geruch einer Blume,
der Schall einer Glocke, die Farbe eines Kleides u. s. w. müssen
wesentlich verschiedenartige Gehirneffecte bewirken, da sie doch
in der Wahrnehmung verschiedenartig erscheinen. Nun zeigt
sich die Wahrnehmung, d. h. jenes Wissen in ganz
gleicher Weise gegenüber dem Geruche, wie dem Schalle oder
der Farbe. Ist nicht das beständige Erscheinen desselben und
gleichen, bei dem Verschiedenen gewissermaassen eine Isolirung
des Wissens von dem Objecte, einem Rückstande nach der Lösung gleich zu achten? Man sage doch nicht, dass in der Chemie
reelle Objecte, hier nur Begriffe der Untersuchung vorlägen!
Jenes Wissen ist mehr als Begriff, ist, man blicke nur in sein
eigenes Bewusstsein tief hinein, eine reelle Erscheinung, ein
Sein, wie alles Andere in der Natur und zeigt sich insofern auch

isolirt als besonderes Sein. Mit völliger Sicherheit ist jedoch die Stofflichkeit dieses Wissens noch nicht ausgeschlossen; es kann noch immer im Gehirn ein specifisch stofflicher Vorgang gedacht werden, der mit allen Gehirneffecten in Beziehung das immer gleiche Wissen der verschiedenen Objecte ausmacht. Immerhin kann aber nunmehr wenigstens von völliger Identität der Gehirneffecte und des Wissens der Effecte nicht mehr die Rede sein, da bei allen unbedingt noch ein eigenthümlicher und specifischer Vorgang in Beziehung auf das Bewusstsein hinzugedacht werden muss.

Nun ahne ich erst den ganzen Umfang der Verirrung, in welche die Naturforschung hinsichtlich der Frage unseres Bewusstseins gerathen ist. Sie hat ihre Untersuchung gar nicht auf den fraglichen Gegenstand gerichtet; sondern auf das, was als unbezweifelbare Voraussetzung galt. In der Beweisführung für das, was längst festgestellt war, glaubte sie dann in umfassbarer Verwirrung das Fragliche bewiesen zu haben

Das Bewusstsein stand in Untersuchung, und gerade mit diesem hat sich die Naturforschung nie ernst befasst. — Immer spricht sie nur von der leidigen Abhängigkeit, nie geht sie auf den Begriff, auf dessen innere Verhältnisse und auf dessen Eigenthümlichkeit selbst ein. Ich halte mich ferner an das alte Beispiel jener Eisencomposition. Wir haben, wie bereits erörtert wurde, einen Bestandtheil losgetrennt von dem andern als Eisen bestimmt erkannten Bestandtheil, durch Rückstand in einer Lösung erhalten. Von diesem Bestandtheil lässt sich bezweifeln, ob er bloss modificirtes Eisen oder ein ganz besonderer Stoff sei. Da gelingt es mit demselben, auf eine Eisenlösung eine Reaction hervorzubringen. Dieser unbekannte Bestandtheil in eine Eisenlösung gebracht bewirkt mit dem Eisen der Lösung einen Niederschlag, welcher sofort als jene Composition erscheint, die ursprünglich Gegenstand aller Untersuchungen war. Ist jetzt noch ferner darüber ein Zweifel, ob jener unbekannte Bestandtheil ein besonderer Stoff und nicht modificirtes Eisen sei? Nein, da der Stoff am Eisen selbst eine Reaction bewirkt, zum Eisen selbst ein chemisches Verhalten zeigt, da wissen wir endgiltig, dass wir es mit einem besonderen eigenthümlichen Stoffe zu thun haben, der Reagenz für Eisen und darum sicher nicht bloss modificirtes Eisen ist. Vielleicht liesse sich eine ähnliche Untersuchung an unserer Wissenserscheinung ausführen? Man denke

sich den stofflichen Vorgang des Wissens im Gehirn bloss-
gelegt.

Diese Vorgänge und unsere Sinne denkt man sich so intensiv
und verstärkt, dass eben unsere derzeitigen Sinne jenen Vorgängen
gegenüber nicht mehr zu beschränkt wären. Die Vorgänge wären
also dieselben, welche den Wissenseffect bedeuten, und ich frage,
werden diese Vorgänge von uns wahrgenommen werden, d. h. in
uns selbst den Wissenseffect bewirken oder nicht? Man kann darauf entweder mit Ja oder mit Nein antworten — in beiden Fällen
ist dann der Materialismus überwunden. Sagt man Ja, so zeigt
sich, dass dieselben stofflichen Vorgänge ebenso wie alle anderen
Vorgänge dieselbe Erscheinung bewirken. Wie der Anblick eines
Hauses auf das Gehirn wirkt und einen Vorgang zum Wissen
des Hauses hervorbringt, so bringt derselbe Vorgang, welcher
Wissensfunction ist, als Object denselben Vorgang hervor. Nun
ist es stofflich nicht denkbar, dass irgendwie das Gleiche am
Gleichen dieselbe Reaction wie sonst ein Anderes bewirke. —
Die blossgelegten Gehirneffecte beim Wissen müssen im Falle
der Wahrnehmbarkeit, sei es durch welche Vermittlung immer,
zuletzt doch in dem anschauenden Gehirne dieselben Effecte bewirken, und zwar dieselben Effecte, wie sie sonst durch andere
Objecte bewirkt werden. Darum, sage ich, muss in dem anschauenden Gehirne beim Wissen noch ein Vorgang gedacht
werden, den wir im Vorhinein als sinnlich n i c h t wahrnehmbar
bezeichnen müssen — das käme allenfalls nicht mehr dem materialistischen Princip zu Statten. Ich kenne die vielen Ein-
wendungen, die sich in oberflächlicher Betrachtung hier machen
liessen. In meiner Abhandlung: „Ein Beitrag zur Seelenfrage"
habe ich jedoch die diesbezügliche Untersuchung mit scrupulöse-
ster Genauigkeit und mit allseitiger Vorsorge auseinandergesetzt,
hier hoffe ich keineswegs mit dieser knappen Darstellung zu
überzeugen und bestehe auch weiter nicht darauf.

Eines sollte nur mit Gewissheit constatirt werden, dass alle
die von Seiten der Naturforschung angestellten Untersuchungen
nicht hinreichen, die Stofflichkeit des Wissens zu beweisen.

Wie anders! Man wollte die I d e n t i t ä t feststellen und hat
mit grossem oder geringerem Aufwande die nie bezweifelte A b -
h ä n g i g k e i t bewiesen. So wollen wir noch untersuchen, ob die
Vernunftgründe besser als jene Untersuchungen geeignet sind, die
Identität des Bewusstseins mit stofflichen Vorgängen zu beweisen.

b. Das Nichtwissen.

Zur Ermöglichung einer Bestimmtheit in Bezug auf das Bewusstsein glaubt man sich in höchst sinniger Weise auf das Nichtwissen berufen zu können.

Da nämlich ein augenscheinlicher Dualismus zwischen stofflichen Vorgängen und dem Wissen derselben besteht, so muss man darauf gefasst sein, dass man für die Behauptung der Stofflichkeit dieses Bewusstseins verpflichtet würde, jene stofflichen Vorgänge bestimmt zu analysiren, welche mit der Wissensfunction identisch sein sollen. — Nun ist es an der Zeit, im Vorhinein die Unwissenheit diesbezüglich zu proclamiren, um der schwierigen Aufgabe enthoben zu sein. Damit hätte es auch seine Richtigkeit, da ja noch ausserhalb dieser Frage manche Erscheinungen der analytischen Darstellung vermöge unserer Unkenntniss entbehren müssen, ohne dass wir darum deren Stofflichkeit in Zweifel ziehen würden.

Gewiss sind es stoffliche Bedingungen, die in der embryonalen Entwicklung die eine oder andere Geschlechtsausbildung bewirken. Wir könnten diese Bedingungen heute noch nicht analytisch bestimmen, zweifelt man darum, dass sie trotzdem doch nur rein stofflicher Natur sein können?

Nun denn, ebenso wenig darf uns der Mangel einer stofflichen Darstellung des Bewusstseins an dessen absoluter Stofflichkeit zweifeln lassen. Das trifft nicht zu!

In allen noch unerklärten, d. h. unaufgeklärten Erscheinungen, mit Ausnahme derer des Bewusstseins, erkennen wir die Stofflichkeit an und für sich, sind es im Gegentheil eben Modificationen der stofflichen Erscheinungen, die unsere Aufmerksamkeit erregen. Hier in Anbetracht des Bewusstseins erregt die Erscheinung insofern unsere Aufmerksamkeit, als wir sie absolut als stofflich gar nicht vorstellen können, weil wir in jeder stofflichen Erscheinung erst das Object des Wissens und demgemäss noch nicht das Wissen desselben vor uns haben.

An jedes offene Geständniss der derzeitigen Unkenntniss anderer Art knüpfen wir sonst die Hoffnung und Erwartung einstiger Aufklärung; sei es, dass sie komme durch Bereicherung unserer Erfahrungen, durch Kenntnissnahme neuer Vorgänge, durch Entdeckung neuer Beziehungen u. s. w. Hier aber kündigen

9*

sich alle die glücklichen Ereignisse durch die Bedingung der Stofflichkeit von vorn herein schon mit ihrem für das Bewusstsein unvereinbaren Gegensatze an.

Alles, was wir an Bewegungserscheinungen je noch wissen werden, stellt sich in fernster Aussicht schon so zu dem Bewusstsein, wie das, was wir heute schon wissen, nämlich als Object des Wissens. Dieses gegensätzliche Verhältniss, welches uns heute die Stofflichkeit des Bewusstseins so schwer begreifen lässt, zeigt sich demnach auf der ganzen Linie aller nur möglichen Erfahrungen als p e r m a n e n t! Allüberall zeigt sich schlimmstens nur die U n k e n n t n i s s der Beziehungen — hier die U n b e g r e i f l i c h k e i t. Hier hat es darum seinen bedenklichen Haken mit dem Nichtwissen und Nichtvorstellenkönnen, weil wir im Vorhinein wissen, dass es in aller Ewigkeit so bleiben wird. Wer es besser hofft und sich sogar im eifrigsten Suchen nach diesbezüglicher Aufklärung befindet, der möge anhalten, sich besinnen, und er wird sich dabei ertappen, wie er eigentlich auf bestem Wege ist, die Abhängigkeit des Bewusstseins von stofflichen Vorgängen aufzuklären, nicht die Identität beider. — Denn letztere kann nach der eigenen Natur der Sache nie aufgeklärt werden, auch in dem Falle nicht, dass sie wirklich bestehe!

Zum Abschlusse des Capitels über die Anatomie des Gehirnes hörte ich den vortragenden Professor seine Anschauung über das Verhältniss des Gehirnes zu unserm Denken und zum Bewusstsein aussprechen. Vor ihm lag das soeben nach den Richtungen der Insel, der Linse, des Trichters, der Gehirnkammern, des Lebensbaumes, des Balken, des Stammes, kurz, nach allen wichtigen Bestandtheilen untersuchte und zerwühlte Gehirn eines Menschen — da kündigte er den Ausdruck seiner Meinung darüber an, was die genauesten Erforschungen des Gehirnes bis heute zur Aufklärung unseres Bewusstseins geleistet haben. Er sprach langsam, bedächtig und stockend, als ob im Momente noch zaudernd und erwägend; gleichsam im Bewusstsein, dass er hier vor einer beträchtlichen Zuhörerschaft vermöge seiner Autorität eine nicht ganz unmaassgebliche Entscheidung fallen lasse — in der Frage nämlich — ob Materialismus oder nicht!

Mit angehaltenem Athem, vorgebeugt, stand ich lauschend voller Spannung. Das galt nicht so sehr dem Gegenstande, der besprochen wurde, als dem Manne, der ihn besprach. Mich inter-

essirte es zu hören, wie der Mann, den ich in einer Reihe von
Vorlesungen so gründlich, so bestimmt und überzeugend darstellen hörte, sich hier treu bleiben werde.

Langsam, wie gesagt, stockend und auch leise reihte sich
Wort an Wort. „Es sei nicht in Abrede zu stellen, dass das
Gehirn wesentlichen Einfluss — auf unser — — Denken nehme.
Diese Wechselwirkung sei auch — experimentell festgestellt. —
— Hingegen müsse eingestanden werden — — dass im Gehirn
kein einziger Bestandtheil — — — und kein einziges Merkmal
bezeichnet werden könne, wovon ein Anhaltspunkt — — — zur Erklärung des Bewusstseins gewonnen werden könnte. — — — —
Vielmehr drängt sich uns die Wahrscheinlichkeit jener Behauptung
auf (ich kann den Autor momentan nicht namhaft machen),
dass zwischen Bewegungserscheinung und dem Zum-Bewusstsein-
gelangen derselben eine Kluft gähne, welche selbst die kühnste
Phantasie nicht zu überbrücken vermöchte.“

So liess der Mann, Prof. Dr. Langer, bedächtig die Falte
seiner Toga fallen, gleichsam im Bewusstsein der Pflicht, seinen
Hörern ein Beispiel strenger Unterscheidung von Vermuthung
und wissenschaftlicher Erkenntniss zu geben.

c. Die Wechselwirkung zwischen Bewusstsein und stoff-licher Erscheinung.

Wenn die Wechselwirkung zwischen stofflichen Bewegungserscheinungen und Bewusstsein als unumstössliche Voraussetzung
gelten soll, meint man, so könne ja schon in Anbetracht dieser
Voraussetzung von einer Besonderheit des Bewusstseins nicht
die Rede sein, weil die Ungleichartigkeit und Besonderheit die
Wechselwirkung nicht denken liesse.

Da, muss ich gestehen, ist es für mich an der Zeit, mit
der Frage anzuhalten, ob wirklich von Seiten erfahrener Naturforschung ein solcher Grund geltend gemacht werden könnte.
Wie kann ich's nur fassen, dass Naturforscher die Besonderheit
mit der Wechselwirkung unvereinbar fänden? Nehmen wir denn
im ganzen Bereiche der Naturforschung überhaupt eine Wechselbeziehung anders als gerade zwischen Verschiedenartigem und
Besonderem an? Ist nicht zwischen Schwefel und Sauerstoff mehr
Verschiedenheit als zwischen Sauerstoff und Sauerstoff? Müssen
wir nicht, um nur eine Wechselbeziehung innerhalb der Elektri-

cität denken zu können, dieselbe in zwei verschiedene Arten
unterscheiden?

Ja, meint man, bei allen diesen Besonderheiten bleibt die
Identität doch noch immer in dem Stoffbegriffe bestehen.

Also der Mangel einer Identität soll uns die Annahme einer
Wechselwirkung zwischen den Bewegungs- und den Bewusstseinserscheinungen so schwierig machen? Wie könnte man bei dieser
Unbeholfenheit in jeder geringsten Frage noch eine Weltauffassung
im Auge haben?

Will man sich zu einer Weltauffassung erheben, so bleibe
man doch nicht bei jedem erst besten hingeworfenen Stein
stutzig stehen. Was nöthigt uns denn bei der Wechselbeziehung
zwischen Stoff und Bewusstsein von einer durch und durch grei-
fenden Besonderheit zu sprechen? Was hindert uns, um nicht
auch hier in einer gewissen Tiefe einen Identitätspunkt anzunehmen, aus welchem die zwei divergirenden Erscheinungen, Bewegung und Bewusstsein, zur Wechselbeziehung gelangen?

Wie wir innerhalb der Naturerscheinungen den Elektricitäts-
begriff als Identitätspunkt für die Divergenten positiver und
negativer Elektricitätsarten, wie wir ferner zwischen Elektricität
und Magnetismus einen tiefer liegenden Identitätspunkt und einen
noch tieferen, vielleicht zwischen Wärme und Elektricität, und
endlich innerhalb der Gesammtheit aller Bewegungserscheinungen
den Bewegungsbegriff als bis jetzt tiefsten Identitätspunkt annehmen, aus welchem heraus divergirend Molecular- und Massen-
bewegung in Wechselbeziehungen gelangen. — So und in ganz
gleicher Weise könnten wir folgerichtig zwischen Bewusstsein
und Bewegung eben noch einen Identitätspunkt um einen Grad
tiefer annehmen, und sollte dieser auch auf nichts weiter als
auf den Allgemeinbegriff des Seins basirt werden können.

Diese Gradverhältnisse bezüglich der Tiefe des jeweiligen
Identitätspunktes ergeben sich von selbst nach dem Umfange der
in Betracht gezogenen Erscheinungsverhältnisse.   Da sich nun
die Beziehung des Bewusstseins auf alle Bewegungserscheinungen
als sinnlich wahrnehmbare Objecte erstreckt, so muss es von
selbst einleuchten, dass der Identitätspunkt hier ausserhalb dieser
Erscheinungen fallen muss.

So ergiebt sich die merkwürdige Erkenntniss, dass die thatsächliche Wechselwirkung zwischen Bewusstsein und Bewegung
durchaus nicht in Widerspruch mit der Besonderheit Beider steht;

ja, dass diese Wechselwirkung gerade auf eine Besonderheit hinweist und nur einen Identitätspunkt ausserhalb der Beiden zur nothwendigen Voraussetzung macht.

Ich muss wohl gestehen, dass hier die Naturwissenschaft nicht so wie hinsichtlich des Zeit-, des Raum-, des Objectivitäts- und des Causalbegriffes ganz unabhängig erscheint, da wir hier eine Wechselwirkung zu verzeichnen haben, wie es bei jenen Begriffen nicht stattfindet. So mag es ihr wenigstens zum Troste gereichen, dass ihr allenfalls kein bereits fertiges Capitel bedroht ist. Die Wechselwirkung besteht ja unbedingt, die Analyse derselben ist bis heute noch nicht gelungen, und wenn wir sie von späteren Zeiten erhoffen, so ist es vor Allem rathsam, die Forschungen durch unbegründete Bedingungen nicht einzuschränken. Von jeher belästigt uns die Naturforschung mit der weisen Ermahnung, dass wir ihren weiteren Bemühungen durch voreilige Voraussetzungen keine Schranken setzen sollen. So möge sie einmal diese Ermahnung selbst beherzigen. Wenn wir Bewegung als Axiom für alle Objecte des Bewusstseins bezeichnen, so kann uns der Vorwurf des Vorurtheils nicht treffen. — Das Axiom wurde ja eben nach der Erforschung aufgestellt; wenn wir dieses aber vor der Erforschung eines Verhältnisses aufstellen, so binden wir die Forschung durch ein Vorurtheil und schieben weiteren Aufklärungen gewaltsam einen Riegel vor. Was ficht uns die Bewegung an? Wer setzt der Art und Weise eines Seins Schranken? Offenbar nur die Erkenntniss! Nun denn, wo sie gewonnen ist, sei sie heilig, darüber hinaus darf sie unsere Schritte und Umschau nicht hemmen.

d. Das Substrat für die Bewusstseinserscheinungen.

Der Materialismus könnte immer noch behaupten, dass er den Stoffbegriff eben so tief hinab versetze, dass derselbe als Identitätspunkt für Bewusstseins- und Bewegungserscheinungen gelten dürfte. Zunächst würde er auch darauf hinweisen, dass wir im andern Falle absolut kein Substrat für die Bewusstseins- erscheinungen ausfindig machen könnten, da die Summe alles Seins im Stoffbegriffe völlig erschöpft ist. Das Sein an sich, meint er, und ich kann nicht sagen mit Unrecht, bleibt ja immer nur leerer Begriff. Es muss immer doch Etwas sein, wenn von einer Realität die Rede sein soll; nun sei eben der Stoffbegriff der einzige und zugleich einheitliche Begriff alles Seins.

So muss ich nur wieder betonen, dass wir um das Wort nicht streiten mögen. Unter der Bedingung, dass der Stoffbegriff so verallgemeinert würde, dass aus demselben Bewegung und Bewusstsein als allgemeine Grundeigenschaften divergirend heraustreten und als besondere in Wechselbeziehung kommen, wollte ich gerne dem Materialismus innigste Freundschaft zusagen. Ich weiss nur soviel, dass mit solchem Stoffbegriffe der Materialismus so aufgefasst werden müsste, wie ich denselben, und vielleicht auch noch kein Anderer, aus allen materialistischen Darstellungen nie herauslesen konnte. Und doch wäre dies gerade ein Moment, welches nicht zweideutig gelassen werden dürfte, welches vor allen anderen auf's schärfste und deutlichste betont werden sollte, weil es der ganzen Weltanschauung Gestalt und Charakter verleiht und den Materialismus zu einer Auffassung macht, wie ihn alle seine Anhänger (ich spreche bestimmt und zwar durch die gezogenen Consequenzen bestimmt) heute thatsächlich nicht auffassen!

Darauf allein jedoch kommt es vorzüglich an, nicht auf das Wort, welches die Auffassung bezeichnen soll!

Wenn wir Bewusstseinserscheinungen von Bewegungserscheinungen einmal trennen, indem wir etwa jede Bewegung durchaus als sich selbst wissend denken, oder Bewegung und Bewusstsein getrennt als Attribute des Stoffes bezeichnen, so ist damit die Besonderheit so durchgreifend gesetzt, als ob wir zwei besondere Substrate für die beiden Erscheinungsarten annehmen würden. Und sollte uns wirklich schliesslich der Umstand noch bestimmen können, dass man die Bewusstseinserscheinung nie anders als in stofflicher Wechselwirkung nachweisen konnte?

Gilt es denn in der Naturwissenschaft als Regel, dass Alles, was nicht frei für sich dargestellt werden könne, auch nicht ein Besonderes für sich sein dürfe? Wie verhält es sich mit dem Elemente Fluor?

Noch mehr, wie verhält es sich mit dem Elemente Sauerstoff? ist es anders als durch seine Beziehungen zu anderen Objecten zu erkennen? sei es, dass wir es durch Gewichtsverhältnisse, oder durch sonstige Reagentien, oder durch die Wirkung beim Einathmen desselben constatiren?

Nun wohl, auch das Bewusstsein haben wir nie anders als an einem Gehirn als dessen Substrat constatiren können. Es

entwickelt sich mit dem Gehirne, es bleibt uns keine Spur der
Wahrnehmung desselben nach der Zerstörung des Gehirnes.
Kurz, wir haben Alles in Allem das Bewusstsein im freien für
sich bestehenden Zustande noch nicht wahrnehmen können. Es
wirkt auf unsere Sinne, d. h. auf den Stoff nicht anders als in
bestimmter Wechselbeziehung zum Stoffe, was folgt daraus? Ich
frage die Wissenschaft! Sagt nicht die Wissenschaft, dass überhaupt keine einzige Existenz anders als durch Wechselwirkung
und Verhalten mit und zu einem Andern erkannt wird? dass
Nichts in dieser Welt durch sich selbst und frei in sich selbst
constatirt werden kann?

Gewiss, ich darf, ich kann nicht daran zweifeln, dass die
Naturforschung bei ruhiger Ueberlegung sich selbst gesteht, dass
sie in Beurtheilung dieser Frage ganz aus ihrer sonstigen Rolle
fällt. Nicht darin fehlt sie, dass sie es für ihr Gebiet bean-
sprucht, sondern darin, wie sie es behandelt. So sage ich es
mit wenigen Worten; „Die Naturwissenschaft kann ihr unbe-
streitbares Recht zur Beurtheilung dieser Frage nur dann bean-
spruchen, wenn sie in ihren Lehrbüchern erst ein grosses und
starkes, volles und klares Capitel „Psychologie" fertig hat. Man
muss den Gegenstand, den man beurtheilen will, in seinen inneren
Beziehungen genau durchforschen und diesen entsprechend die
Forschung einleiten, und darf sich nicht begnügen, ihn von
aussenher in seinen Abhängigkeitsverhältnissen allein und ausschliesslich zu untersuchen.

Wie tiefsinnig und geistreich lauten doch alle die schwierigen Untersuchungen über die Ausathmung vor und nach dem
Denken, vor und nach dem Schlafen, über die Blutbeschaffen-
heit u. s. w. Gewiss will Keiner ihre schöne Bedeutung an
und für sich bestreiten. Wenn sie aber lediglich die stofflichen
Bedingungen des Denkens beweisen sollen, so schaffe ich es viel
billiger, — ich weiss ganz positiv, dass ich zehnmal frischer
und munterer denke, nachdem ich einen schwarzen Caffee ge-
trunken habe. So imponirend sich nun auch jenes gewissenhafte
Lauschen, Messen und Wiegen ausnehmen mag, so sagt es doch
nichts mehr und nichts weniger als eben dieser Caffee. So
werden wir bei Gelegenheit der Untersuchung dieses Begriffes
in auffälliger Weise darüber belehrt, wie man durch gewaltsame
Streckung des Naturbegriffes zum Weltbegriffe der Naturauffassung zur Weltauffassung, in die Naturwissenschaft selbst den

Keim ihrer Zerstörung trägt. Wenn das alles e i n e Wissenschaft sein soll, so muss sie von einem einheitlichen Geiste
durchweht sein, muss Consequenz auf der ganzen Linie herrschen.
Wohin kämen wir aber, wenn wir die hier beleuchteten Behauptungen consequent in der Naturforschung aufrecht erhalten
wollten? Was müssen wir von der Evidenz aller anderen Erkenntnisse halten, wenn auch hier die Evidenz steif und fest
behauptet wird? Wohl, die Gefahr droht nicht ernst, nicht in
nächster Nähe! Denn so sehr wir auch die Einheit der Naturauffassung mit der Weltauffassung behaupten mögen, in uns
lebt ausgeprägt die Unterscheidung, und wir wissen schon, woran
wir uns als an dem Sichern und Evidenten zu halten haben.

Nach allen den vorhergehenden Erwägungen legte ich mir
ernstlich die Frage vor: Was kann denn doch für die Naturwissenschaft maassgebend sein, dass sie mit allen diesen wichtigen Begriffen — Zeit, Raum, Causalität, Objectivität und Bewusstsein entweder gänzlich aufräumt oder wenigstens höchst
rücksichtslos umgeht? Was veranlasst sie, über die Köpfe dieser
Begriffe hinweg ein Weltsystem aufzubauen, wo sie doch ander-
seits genöthigt ist, auf Schritt und Tritt sich ihrer zu bedienen
und mit ihnen zu rechnen?

Ist es vielleicht der skeptische Standpunkt, der schon von
ehedem gegen diese Begriffe geltend gemacht wurde, und den
die Erfahrung bestätigt zu haben scheint?

Die grossen Erfolge der Naturwissenschaft trotz mangeln-
der Analyse eben dieser Begriffe, die Erfolglosigkeit der Bemühung aller Zeiten, eine befriedigende Lösung aller dieser
Fragen herbeizuführen, mögen wohl die Skepsis gegen die Bedeutung dieser Begriffe wesentlich gefördert haben. Die Unkenntniss der Dinge, welche so wenig schadet, und die Erforschung
derselben, welche so wenig bis heute genützt hat, liesse wohl
die Vermuthung aufkommen, dass es unmöglich sehr weit mit
diesen Begriffen her sein kann, und dass ihnen bestens nur die
Bedeutuug subjectiver Reflexionen zukommen mag.

Nun aber drängt sich uns die Ueberzeugung auf, dass die
Einflusslosigkeit dieser Fragen auf die Entwicklung der Naturwissenschaft eben nur die durchführbare Trennung der Natur-

wissenschaft von der Weltauffassung beweist. In der Naturwissenschaft figuriren eben jene Begriffe, wo sie ergänzend ein-
treten, nur als Formeln, die zwar annoch der Inhaltsbestimmung
entbehren, dennoch aber geeignet sind, anderweitige Verhältnisse
zur Darstellung zu bringen.

Noch weniger jedoch darf es der Naturwissenschaft gestattet sein, die Philosophie ob ihrer bisherigen Erfolglosigkeit
anzuklagen.

So ganz erfolglos war die Bemühung der Philosophie allererst keineswegs.

In dem Bestreben, die Begriffe — Zeit, — Raum, Stoff,
Sein und Werden klarzustellen, hat sie doch die Speculations-
fähigkeit unseres Geistes zu einer Fertigkeit und Sicherheit entwickelt, welcher allein die heutige Naturkenntniss ihre hohe
Vollendung verdankt. Hat ja nicht ausschliesslich der Fleiss
bei den Beobachtungen und empirischen Untersuchungen so sehr,
als die Denkfähigkeit und angestrengteste Speculation es ver-
mocht, die Fülle der Erscheinungen in das nahezu wenigstens
schematisch vollendete System der Naturwissenschaft zu bringen.

Man rühme sich nur nicht voreilig damit, dass man, ohne
je ein philosophisches Buch studirt zu haben, dennoch sein
Scherflein zur Vollendung der Naturwissenschaft beitragen konnte.
— Denn darin besteht eben der schönste Erfolg der Philosophie,
dass man sie kennt, ohne sie gesehen zu haben, dass heute kein
wissenschaftliches Buch mehr existirt, welches nicht von ihrem
Geiste durchweht, nach ihrer Methode bearbeitet wäre! Was
man so recht Wissenschaftlichkeit nennen darf — das ist Philosophie! Darin stimme ich vollkommen mit der Anthropogenie
überein.

Zur Rechtfertigung ihrer erfolglosen Bemühung in Erreich-
ung ihres Endzieles endlich dürfte sich die Philosophie nur auf
das Beispiel der Naturwissenschaft berufen. Diese ist ebenfalls
erst in jüngster Zeit nach tausendjährigen Irrfahrten zu der
richtigen Erkenntniss der Verhältnisse und Beziehungen gelangt.

Und schliesslich wäre ja die Vermuthung nicht so ganz
auszuschliessen, das bisher immer noch die Bemühung nach
richtiger Analyse jener Begriffe schon darum erfolglos bleiben
musste, weil sie durch mangelhafte Naturkenntniss mannigfach
behindert war. Ja wohl, die Vermuthung ist so ziemlich nahe
gelegt: Jene Begriffe — Zeit, Raum, Sein und Werden ergeben

sich zuvörderst aus den Beziehungen und Vorgängen innerhalb
der Natur! Ohne genaue Kenntniss und Klarstellung der stofflichen Beziehungen mochte es vielleicht nur allzu schwer gewesen sein, die Bedeutung der in Frage stehenden Verhältnisse
von den anderen loszulösen, nach ihrer eigenen Natur zu erkennen
und klarzustellen.

Der skeptische Standpunkt aber gegenüber den erwähnten
Begriffen ist am allerwenigsten der Naturwissenschaft zu em-
pfehlen. Schon aus dem einfachen Grunde nicht, weil es dann
mit der Objectivität der gesammten Naturwissenschaft bedenklich
stünde, und dann vorzugsweise der Darwinismus und Häckelismus
fortan als objective Erkenntniss nicht mehr gelten könnten. Diese
letzteren nämlich sind ja wesentlich von der Realität des Causalbegriffes in erster Reihe abhängig und hier, wie nirgends sonst,
gilt das Wort:

„Wo ich zu zweifeln angefangen habe, da habe ich zu zweifeln
n i c h t mehr aufgehört."

Nunmehr frage ich mich noch ernster und dringender: Was
mag es denn sein, wodurch sich die Naturwissenschaft bewusst
oder unbewusst so zu sagen zum Materialismus hingedrängt
fühlt?

Was veranlasst die Männer, die sonst so bedenklich und
gründlich in ihren Schlussfolgerungen vorgehen, hier urplötzlich
ihre bewährten Grundsätze zu verleugnen, um nur Behauptungen
zu Gunsten des Materialismus aufstellen zu können; als ob sich
ihr unter dessen Fittigen allein ungefährdete Sicherheit vermuthen
liesse?

Und ich bin mir auch die Antwort nicht schuldig geblieben.
In der Ueberzeugung, dass allda, wo eine Weltanschauung den
Maassstab sorgfältiger Kritik nicht auszuhalten vermag, dieselbe
auf unbestimmte Gefühle allein zurückgeführt werden müsse, habe
ich mich tief in dieses psychologische Moment versenkt, um
jene Beweggründe, die hier bestimmend sein konnten, zu erforschen und an's helle Tageslicht heranzubringen.

1) Die Naturforschung fühlt es sehr wohl, dass die Speculation den realen Boden verlassen müsste, wenn irgend ein
Forschungsgebiet ausserhalb der realen Erscheinungswelt betreten
würde. Wenn nun die Trennung der Naturauffassung von der
Weltauffassung ausgesprochen, d. h. wenn der Philosophie ein
besonderes Forschungsgebiet zuerkannt werden sollte, so entsteht

zuvörderst die Frage nach der realen Grundlage dieses Gebietes. Entweder ist es ausserhalb der Naturerscheinungen zu suchen, so wäre damit der reale Boden verlassen. Oder ist dieses Gebiet innerhalb der Erscheinungswelt zu suchen — dann fühlt sich die Naturwissenschaft ob dieses Zugeständnisses gewissermaassen einer Versäumniss und Lückenhaftigkeit angeklagt, da ihr ja eben die Darstellung der gesammten Erscheinungswelt als Inbegriff der Gesammtnatur in erster Reihe obliegt.

a. Nun stellt es sich jedoch nach den vorhergehenden Betrachtungen heraus, dass die Philosophie ihre Begriffe keinesfalls ausserhalb der Erscheinungswelt ableitet, und dass vielmehr die Naturforschung in Missachtung der für die Weltanschauung so bedeutungsvollen Begriffe — Zeit, Raum, Causalität, Objectivität und Bewusstsein — so weit gelangt ist, dass sie dieselben förmlich zu übersehen scheint.

b. In Anbetracht dieser Begriffe hat sich aber die Naturforschung durchaus nicht einer Versäumniss anzuklagen, wenn sie es nicht absolut auf eine Weltanschauung abgesehen hat. Für die Naturwissenschaft stellt sich nämlich das Verhältniss glücklicher Weise so, dass sie unbeschadet ihrer Vollendung der genauen Analyse dieser Begriffe entbehren kann, indem sie sich derselben gleichsam nur in der Bedeutung algebraischer Zeichen bedient, für deren nähere Bestimmung sie auf die zu erwartenden Leistungen der Philosophie oder auf ihre eigene Nachtragsarbeit verweisen kann. Will nun die Naturwissenschaft den Charakter der Vollendung und Vollkommenheit für sich in Anspruch nehmen, so wird sie diesen sicher nicht dadurch erreichen, indem sie sich gewaltsamer ¡Weise zur Weltanschauung bei Vernachlässigung der maassgebenden Begriffe ausdehnt, sondern indem sie ihr Gebiet, soweit es eben thunlich ist, durch Ausscheidung jener Begriffe enger umgrenzt. Meint sie aber, Alles fassen zu müssen, so werden wir uns füglich zur Zeit, da sich die in Rede stehenden Begriffe einer vollständigen Klarheit erfreuen, leicht darüber einigen können, wohin wir diese Capitel einzureihen haben werden. Der Competenzstreit bleibe hier abseits, nur das werde allgemein anerkannt, dass die Arbeit geschehen müsse.

2) Die Naturwissenschaft in ihrer ganzen Tiefe erfasst, ergiebt unbestreitbar blinde Nothwendigkeit innerhalb aller Wirkungen und Naturerscheinungen. Wenn nun der Philosophie ein besonderes Forschungsgebiet eingeräumt werden soll, so ist das

Resultat derselben in Voraussicht zu nehmen. Entweder lautet
dieses nun dahin, dass anstatt der vermeinten blinden Naturnothwendigkeit Vorsehung und weise Weltabsichten gesetzt
würden; dann ist man von der Richtigkeit der naturwissenschaftlichen Erkenntniss zu sehr überzeugt, als dass man nicht schon
im Vorhinein über ein solches Resultat der Philosophie den
Stab brechen müsste. Oder die Philosophie bestätigt jenes unab-
änderbare Resultat, — dann ist sie allerwenigstens überflüssig und
unfruchtbar.

Das trifft nicht zu.

Denn weil sich die Naturforschung über das Wesen jener
unbeachtet gebliebenen Begriffe zumal über das Verhältniss
zwischen Ursache und Wirkung nie genug unterrichtet hat, mag
sie vielleicht gar nicht ahnen, wie die nähere Untersuchung derselben dereinst nicht nur eine wesentlich anders gestaltete Weltanschauung ergeben, sondern zugleich eine solche Fülle in sich
bergen kann, um jene Weltanschauung derartig über die Naturauffassung zu umweben, dass diese letztere ganz im Geiste der
richtig entwickelten Naturwissenschaft intact erhalten bliebe.

a. Die Naturauffassung behält den Charakter der blinden
Nothwendigkeit mit dem Causalitätsprincip als leerer Begriffs-
formel bei. Die genauere Analyse des Verhältnisses jedoch,
welches zwischen Ursache und Wirkung obwaltet, und welches
ich entschieden als das der vollständigen Indentität bezeichne,
kann dann doch wohl die Gesammtnatur als Ganzes in einem
andern Lichte erscheinen lassen, ohne dass darum die Bestimmung der Verhältnisse und Beziehungen innerhalb der Natur be-
richtigt oder nur berührt erschienen.

b. Die Naturauffassung kann wohl das innerhalb der Natur-
scheinungen offenbare Verhältniss des Werdens und Vergehens
als unbestreitbare Thatsache hinstellen. Die nähere Untersuchung
des Zeit- und Raumbegriffes kann jedoch und wird auch sicherlich dereinst die Verhältnisse des Werdens in dasjenige des
Seins sanft hinüberleiten.

c. Und endlich die gewürdigte Unterscheidung von subjectiver Erscheinung und objectivem Sein? Ich will zurückhaltend
nur das eine prophezeien, dass sie nie die Realität des Stoff-
begriffes innerhalb der Naturerscheinungen zu erschüttern vermögen wird.

3) Vor allem Andern glaubt sich namentlich die Entwicklungs-

theorie auf den Materialismus stützen zu müssen, indem sich
innerhalb derselben das Gefühl geltend macht, als sei der Darwinismus mit der Sonderstellung des Bewusstseins am wenigsten
zu vereinen.

Wie dürfte jedoch ein Gefühl für uns bestimmend sein?
zumal, wo es sich auf unbestimmte Sphären erstreckt, auf
in Aussicht stehende Entscheidungen und Resultate, über deren
„Wie weit" heute noch nicht die geringsten Vermuthungen aufkommen können?

Man untersuche immerhin unbefangen das Verhältniss der
Bewusstseinserscheinungen und schaue vorerst zu, ob dieses Verhältniss zu denen der Entwicklungstheorie absolut nicht passen will.

Dessen sei nur die Entwicklungstheorie im Bewusstsein ihrer
Wissenschaftlichkeit versichert, dass man in der Bestimmung
dieser Verhältnisse, wie immer sie sich gestalten mag, allenfalls
mit dem Darwinismus werde rechnen müssen.

Soll es denn zum Gesetze erhoben werden, dass allda, wo
eine Untersuchung auch nur die Ahnung einer Collision aufkommen lässt, dieselbe ganz zu unterbleiben habe, statt dessen
man bereit sein sollte, allfällig hervortretende Probleme gewissen-
haft zu lösen?

Ich muss mir hier die Bemerkung gestatten, dass nichts
erbärmlicher erscheint, als die lang eingeübte Art und Weise
der gewöhnlichen Consequenzmacherei. Da kommt es vor, dass
man sich recht lange und gründlich mit Grundlegung eines
Principes beschäftigt. Hat man dieses zu Stande gebracht, da
wird man zumeist der Wissenschaft fahnenflüchtig, indem man
nur so auf's Gerathewohl die weitgehendsten Consequenzen zieht.
Da hört man allemal: Nachdem sich dieses so verhält, muss es
sich unbedingt mit jenem so und so verhalten; versteht sich dies
von selbst; ist jenes unbedingt zu negiren! Wieso? Warum?
Man vergisst, dass es Pflicht ist, auch die Consequenzen wissenschaftlich und somit eben so mühsam analytisch darzustellen.
Darum erblicken wir auch alle Spuren wissenschaftlichen Fortschrittes sofort von ganzen an diese geknüpften Weltanschauungen
begleitet. Wo immer nur, sei es in der Astronomie, Geo-
gnosie, Palaeontologie, Physiologie, Chemie, Elektricität u. s. w.,
oder in der Geschichte, Psychologie, Anthropogenie u. s. w. auch
nur die geringste Errungenschaft an Aufklärung zu verzeichnen
ist, blicke man hin, und — man wird eine ganze Weltan-

schauung darangeknüpft finden. So müssen die Weltanschauungen
von Tag zu Tag wechseln, die Gemüther der Menschen immer
wieder von Neuem in die heftigsten Gährungen versetzt werden,
wenn man nicht anfängt, es endlich mit der Ableitung der Consequenzen ernster und gründlicher zu nehmen.

In der soeben angegebenen Weise allein konnte ich das
psychologische Moment für das unberechtigte Streben und Drängen
der Naturforschung zum dualistisch materialistischen Principe
(Stoffmasse als Ursache a priori und Welt als Wirkung a posteriori) erklären.

Oder dürfte ich annehmen, dass es dem blossen Verlangen,
die Naturauffassung in der hohen Bedeutung einer Weltanschauung erscheinen zu lassen, zuzuschreiben ist? Wie wäre
dies zu rechtfertigen? Liegt denn der Werth eines Objectes in
dem inhaltslosen Namen? Liegt darin die Bedeutung der Naturwissenschaft, ob sie Naturanschauung oder Weltanschauung heisst?
Ob sie Alles giebt, oder ob noch anderweitig gegeben werden
kann? Ich meinerseits nehme lieber eine Million mit der Erklärung, dass ich anderweitig noch mehr zu erwarten habe, als
einen Kreuzer mit der Erklärung, dass mir mehr zu erreichen
unmöglich sei. Der Besitz einer Million, selbst als blosser
Bruchtheil des Gesammtvermögens, ist in sich werthvoller, sage
ich, als der Besitz eines Kreuzers, selbst wenn er das ganze
Vermögen repräsentirt. So und in gleicher Weise ist die Naturwissenschaft nicht dadurch bedeutungsvoll, insofern sie Alles
bietet, sondern durch das, was sie bietet. Darum hängt die
Bedeutung der Naturwissenschaft nur von der Bedeutung der
Weltanschauung ab und von der, welche dem Menschen in derselben zukommt. Denn, wenn ich einmal vermöge meiner Weltanschauung gegen die Welt im Allgemeinen gleichgiltig werde,
so wird sich sicherlich bald auch die Gleichgiltigkeit gegen die
Naturwissenschaft hinzugesellen. Wenn nun die Naturwissenschaft durchaus bedeutungsvoll sein will, so sollte sie sich bei
weitem mehr für den Inhalt der Weltanschauung als dafür inter-
essiren, dass sie selbst Weltanschauung sei. Im Uebrigen sind
ihr ja genau die Wege vorgezeichnet, auf welchen sie sich zur
Weltanschauung emporarbeiten kann; nur gegen die Richtig-

keit ihres heutigen Resultates, den Materialismus, sind unsere
Zweifel gerichtet. Ob wir ihr damit einige allzugrosse Bedeutung
rauben?

Ich will keinesfalls, was die Bedeutung und Werthschätzung
der dualistisch materialistischen Weltauffassung betrifft, zu jenen
hinabsinken, die es nicht begreifen, was denn ihnen darin für
Trost geboten ist, dass von dem einstigen Moder ihres Leibes
eine Pflanze sich vielleicht ernährt, die ein Thier frisst, das
von einem Menschen gegessen wird, der Mitglied einer menschlichen Gesellschaft ist, die an Cultur und Bildung alle früheren
Zeiten überstrahlt. Noch weniger möchte ich denen zugezählt
werden, die es nicht einmal begreifen, dass es werth ist, sich
um des Lebens Mühen zu kümmern und mit Aufopferung alles
dessen, was Menschen im Leben gross und glücklich macht, für
Tugend und Wissen zu leben, da es sich treffen kann, dass
diese Tugend jene grosse Zukunft mitbegründet, — welcher
auch Menschen angehören, deren erster physischer Entwicklungs-
quell, eine Spermazelle ihres Samens ist. Nein! denn ich kenne
die Schönheit und Hoheit des Lebens und Strebens für sich und
in sich selbst! Ich weiss, dass die Materialisten, wo sie hie
und da Solches und Aehnliches voller Begeisterung geltend
machen, dieses ohne weiteres Bedürfniss als nur, um sich auch
einmal ein Festkleid anziehen zu können, sagen.

Das ist jedoch nicht zu bezweifeln, dass, wie vortrefflich
auch die dualistisch materialistische Weltanschauung sein mag,
bei einer eventuellen noch bedeutungsvolleren Weltanschauung
auch die Naturwissenschaft bedeutungsvoller erscheinen müsste.

Wenn ich nun auch nicht böswillig genug bin, anzunehmen,
dass wie immer die richtig abgeleitete Weltanschauung dereinst
lauten würde, sie doch keinesfalls die Weltbedeutung niedriger
als die des dualistischen Materialismus mit der düsteren Stoffmasse und den blind wirkenden Kräften als Wesen alles Seins
stellen wird, so muss doch eingeräumt werden, dass die Bedeutung der Naturwissenschaft durch die bevorstehende Arbeit
ebenso viel zu gewinnen, als zu verlieren hat.

Wie, wenn nun noch vermuthet werden dürfte, dass die
Naturforschung in der Sucht nach Verallgemeinerung und Aus-

breitung sich mit dem Nimbus einer Weltanschauung zu um-
kleiden trachtet?

Vielleicht glaubt sie in der Glorie des Materialismus auch
dort Bewunderung, Studium und Anerkennung zu erwerben, wo
sonst kein besonderes Interesse für eingehende Erörterungen
wissenschaftlicher Objecte, keine besondere Vorliebe für das
Studium positiver Gesetze vorherrschen mag? Vielleicht giebt
sie sich der Hoffnung hin, dass auch diejenigen, die ursprünglich
die Neigung für rein naturwissenschaftliche Studien nicht hegen,
es um so bereitwilliger mit denselben halten werden; wenn
ihnen erst klar gemacht wird, dass hier recht wohlfeil Welt-
und Lebensanschauung einzuhandeln ist, wozu freilich aus den
verschiedenartigsten Beweggründen fast alle Menschen einen besonderen Drang in sich fühlen?

Ich werde, was mich betrifft, nie und nimmer solche In-
tentionen der Naturforschung unterschieben. Solche Mittel wären
nicht nur verwerflich, sondern auch verfehlt. In Wahrheit besteht die bleibende Anerkennung einer Wissenschaft nicht darin,
wie sich die Massen, sondern wie sich maassgebende Fachmänner
dazu verhalten; und die Erfolge der Naturwissenschaft sind
andererseits an und für sich so interessant, dass sie schon durch
ihre innere Bedeutung selbst die Massen fesselt.

Wahr ist es aber, dass der gewaltsam herbeigezogene Materialismus der Verallgemeinerung der Anerkennung nur entgegen
wirkt, und zwar in hervorragender Weise bei der Intelligenz der
menschlichen Gesellschaft.

So absurd die letztere Behauptung auch klingen mag, so
bringt sie doch nur thatsächliche Verhältnisse zum Ausdruck.

Mögen wir immerhin die Verstocktheit, Bornirtheit und
Oberflächlichkeit der Gegner des Darwinismus und Häckelismus
beschimpfen und es ihnen meilenweit ansehen, dass sie sich nur
aus subjectiven Gründen aller Objectivität verschliessen: die
Intelligenz wird dennoch gerade durch diese hartnäckige Vertheidigung subjectiver Anschauungen mehr bewiesen als widerlegt.

Darum bin ich der unwandelbaren Ueberzeugung, dass mit
Entkleidung der materialistischen Weltanschauung der Darwinismus ein Bedeutendes an Anerkennung gewinnen müsse, ohne
auch nur den geringsten Verlust an Interesse bei der Menge zu
erleiden. Und erschiene uns die Anthropogenie nicht bei weitem

mehr imponirend und eindrucksvoller gehalten, wenn sie unbeschadet der schönen und lichtvollen Darstellung, ähnlich wie sonst ein Lehrbuch mit dem vollen Gewichte der Authentität jene grossartigen Erkenntnisse zum Ausdrucke brächte? Ist es vortheilhaft, dass sie durch Einschiebung einiger fremdartigen Elemente gewissermaassen den ersten besten Stümper berechtigt, über das ganze grosse Werk herzufallen, indem er sich blindlings überredet, die Grundlosigkeit einzelner Behauptungen in · dem Ganzen vermuthen zu müssen? Woher kommt es denn, dass dem Darwinismus so viele Feinde sind, selbst bei denen, die ihn nie näher kennen gelernt haben?

Als ich früher die materialistischen Werke gelesen habe, Werke, die mit grossem Fleisse die grossen Errungenschaften der Naturwissenschaft zusammentrugen, um daraus den Materialismus klar und offenbar vor aller Augen hinzustellen, begriff ich sehr wohl, warum diese so eifrig im Interesse ihrer Weltanschauung auf die Naturwissenschaft pochten. — Als ich jedoch die Anthropogenie studirt und ureigene Schöpfungen, gründliche Untersuchungen und methodische Zusammenstellung wahrgenommen hatte und den Eindruck echter Wissenschaftlichkeit erhielt; da konnte und wollte ich auch nicht begreifen, wozu die es nothwendig hätten, vom Materialismus Gewähr und Bedeutung zu borgen und sich ausschliesslich nur von einer einzigen Weltanschauung abhängig zu erklären.

Ja, dass der Materialismus sich hartnäckig mit der Naturwissenschaft identificirt, leuchtet ein; was aber der Naturwissenschaft durch ihr Schutz- und Trutzbündniss mit dem Materialismus in Aussicht steht, vermag ich nie und nimmer zu begreifen!

Insofern wäre das Ziel, das ich mir mit dieser Abhandlung vorgesetzt habe, erreicht. Es sollte einerseits die Unabweisbarkeit des Darwinismus und Häckelismus vom philosophischen Standpunkte nachgewiesen und andererseits die Nothwendigkeit, Zweckmässigkeit und Durchführbarkeit einer Trennung der Naturauffassung von der Weltauffassung klar gemacht werden.

Somit wäre auch direct an die Naturforschung keine weitere Auseinandersetzung zu richten. Da jedoch namentlich in der Anthropogenie im Hinblicke auf die vermeintliche Weltauffassung noch fernere philosophische Erörterungen vorkommen, so erscheint es geboten, die Kritik bis auf die letzte Seite zu üben, um das Gebiet der Philosophie ganz rein und vorurtheilsfrei der ferneren Bearbeitung anheim zu stellen.

So mag denn nach dem Muster der Anthropogenie mit dem Gottesbegriffe der Abschluss gemacht werden.

Dort, wo nämlich von einer Weltauffassung die Rede war, durfte füglich auch die Besprechung des Gottesbegriffes nicht fehlen. In welcher Weise dies daselbst geschieht, wüsste ich des Genaueren hier nicht anzugeben. In dem Bewusstsein, mich ausserhalb der richtigen Sphäre zu bewegen, konnte ich der Darstellung nicht mehr so eingehend und durchdringend folgen. Ich durfte mich auch von meinem Standpunkte aus noch nicht bis zu dem ad hoc zusammengebrachten Weltsysteme mit dem officiellen oder besser usuellen Abschlusse „Gott" vorwagen. Dem grossen Meister blieb schlimmstenfalls die Rückzugslinie auf das eigene grosse Werk „Die Anthropogenie" und andere bedeutende Schöpfungen von maassgebendem Aufschlusse über die Natur unter allen Umständen offen — mir nicht! Nur das weiss ich genau, dass an jener Stelle jede Vorstellung von Gott, wie sie gewöhnlich im theistischen Sinne und in allgemeiner religiöser Auffassung gehegt wird, absolut als Anthropomorphismus bezeichnet wird. In gewissem Sinne lässt sich diese Behauptung allerdings wenig anfechten; ohne jedoch speciell meine Ansicht über den Gottesbegriff andeuten zu wollen, will ich nur hinzufügen, dass ich jede absolute Negirung solcher Vorstellung von Gott unter dem Hinweise auf Anthropomorphismus nun wieder meinerseits als Anthropomorphismus bezeichnen muss.

Das klingt dem ersten Anscheine nach allerdings absurd! So will ich es denn versuchen, durch ein höchst einfaches und genau entsprechendes Beispiel meine Ansicht dem Verständnisse näher zu bringen.

Ich wähle ein kleines Zwiegespräch zwischen zwei Freunden:

A: Höre einmal Freund! Dir ist wohlbekannt, dass ich mich stets mit besonderer Vorliebe der Finanzpolitik zugewendet habe?

B: Ja wohl, doch wo soll es heute damit hinaus?

A: Nun arbeite ich an einem Projecte, welches dem Staate

aus seinen finanziellen Verlegenheiten heraushelfen, mir aber reichlichen Ruhm und Gewinn einernten soll.

B: So? das liesse sich ja einmal anhören: Ich bin begierig, das Nähere dieses Projectes zu wissen.

A: Ich übergebe Dir hier das Manuscript zur Einsicht und bitte Dich um Dein Urtheil.

— — — — — — — — — —

B: Ich begreife und würdige Deine Pläne; theile mir jedoch mit, wie Du maassgebenden Ortes zu überzeugen, mit anderen Worten, wie Du Dein Project durchzusetzen hoffst. Vergesse dabei nicht mit dem Umstande zu rechnen, dass wir im Kriege mit England an die Verwerthung Deines Projectes nicht denken dürfen.

A: Das ist Alles bei mir vorbedacht und reiflich erwogen: Höre, wie ich diesbezüglich calculire:

Was den Krieg mit England anbelangt: Unser Staat, glaube ich, wird in Erwägung der schwierigen Finanzverhältnisse und der Bedrohung von Seiten Frankreichs Alles aufbieten, um den Krieg mit England zu verhüten. Der Staat wird auch den erst in jüngster Zeit im Emporblühen begriffenen Stand unserer Industrie berücksichtigen und gerne in die ausgleichenden Vorschläge, die ihm von Seiten Englands gemacht werden, willigen. Insofern glaube ich mit der Eventualität eines Krieges nicht besonders rechnen zu müssen. Im Ferneren glaube ich, wird der Staat im Hinblicke auf meinen durch mehrere Leistungen begründeten Ruf dem Projecte im Vorhinein jenes Vertrauen entgegenbringen, welches als Vorbedingung zur eingehenden Prüfung desselben nothwendig ist. Endlich will ich es nicht allzugeringe anschlagen, dass der Staat in Anbetracht meiner Nationalität, die er gerne gewinnen möchte, bereitwilligst die Gelegenheit ergreifen wird, mich im Staatsleben zu verwerthen um meine einflussreiche Persönlichkeit dauernd an sich zu fesseln Vergesse auch nicht, dass der Staat — —

B: Lass es genug sein, Bester! Ich sehe Dich von ganz falscher Voraussetzung ausgehen, und um Deine Illusionen ganz zu zerstören, will ich Dir nur ein bedeutungsvolles Wort vorhalten — Anthropomorphismus!! Wer dich so anhört, sollte ja glauben, Du müsstest einfach nur auf die Strasse hinabgehen, wo Du sofort Deinem Herrn Staat begegnetest und Deine Verhandlungen einleiten könntest. Du sagst dann etwa:

„Guten Morgen Herr Staat, ich habe ein Project für Dich. Ich
kenne die Erwägung, die Dich veranlassen wird, mein Project
eingehend zu prüfen und Dich günstig für die Annahme zu
stimmen; so hoffe ich das Beste."

(Um das Beispiel für unsern Fall ganz passend zu gestalten,
will ich den Mann noch weiter seine Aufklärungen geben lassen.)
Wo und wie denkst du aber diesen Staat zu fassen? meinst du
etwa in den einzelnen Ministern und sonstigen Staatsbeamten?
Vergiss nicht, dass dir da einzelne individuelle Menschen gegen-
überstehen, deren Erwägungen keineswegs mit solchen überein-
stimmen, die du hier dem Staate imputirst. Für den Krieg
sind die Launen des Regenten, die Intriguen einflussreicher
Personen bei weitem wirkungsvoller, als die Rücksichten, welche
du hier dem Staate zumuthest, als wäre er eine Person. Persön-
liche Eifersüchteleien und persönlicher Unverstand werden bei
weitem maassgebender sein, als irgend eine Staatsraison, von
der ich nichts weiss, wer sie vertreten soll. Du hast dich, wie
Du nun einsehen sollst, in einem vorfänglichen Anthropomorphismus verirrt.

Nun wäre meiner Meinung nach nichts ergötzlicher, als
wenn derjenige Mann, der sich berufen fühlte, mit seiner Finanzpolitik den Staat zu retten, ob solcher Aufklärung von der
gänzlichen Inhaltslosigkeit seiner Erwägungen überzeugt würde,
ohne irgend wie zu einer Entgegnung ausholen zu können.
Er müsste noch ferner auf die Richtigkeit seiner Berechnung
bestehen und entschieden die Existenz einer Staatsraison ver-
fechten. Er müsste nachdrücklichst dagegen Einspruch erheben,
als ob nur die Launen, Intriguen und Interessen gewisser Hof-
kreise in einem nur halbwegs geordneten Staatswesen über jede
Staatsraison hinweg in trostlosester Weise, Krieg und Frieden
bestimmen. Er müsste namentlich darauf hinweisen, dass da
tausendfache Verhältnisse, Rücksichten, Bedenklichkeiten und
zwingende Umstände mächtig genug einwirken, um solche der
Staatsraison schroff gegenüberstehende Launen zu paralysiren.
Er müsste sich zugleich nachdrücklichst dagegen verwahren, als
ob er müssig genug zuschauen wollte, wie Unverstand und Eifer-
sucht den Stab über sein Project brechen würden, ohne dass er
alle die unzählig gebotenen Mittel und Wege zum Durchgreifen
der Staatsraison anwenden würde. Er müsste auch bemerken,
wie im Kampfe der Meinungen gegen Meinungen, der Sonder-

interessen gegen Sonderinteressen seine Erwägungen schliesslich
zum maassgebenden Factor werden können, und dass er nur im
Ueberblicken aller dieser Verhältnisse, die da so mannigfach
und verschiedenartig einwirken, von den Erwägungen des Staates
gesprochen hat. Endlich müsste er lebhaft dagegen protestiren,
als ob er je von einem solch oberflächlichen Anthropomorphismus
befangen gewesen wäre, wie es seine Worte, mit welchen er
nur das Endresultat aller Beziehungen zum Ausdrucke brachte,
vermuthen liessen. Alle die viel verzweigten, weitreichenden,
unübersehbaren und in ihrer Allheit gar nicht bestimmbaren
Verhältnisse, sollte er sagen, habe er nur darum in der Darstellung
persönlicher Erwägungen wiedergegeben, weil deren Wirkungen auf
ihn und deren Endresultat auf sein Project sich gerade so ergeben,
als ob im Einzelleben derartige Erwägungen gemacht würden.

Was aber den Anthropomorphismus betrifft, sollte er zu
sagen nicht versäumen, sehe er sich genöthigt, denselben demjenigen zum Vorwurfe zu machen, der sich gewisse Endresultate
in Bezug auf einen Menschen nicht anders denken kann, als wenn
sie in der Form, wie sie resultiren, auch nur menschlichen
Ursprung haben können.

Nun denn, ebenso können wir mit Recht sagen, dass es wohl
ein Anthropomorphismus sei, wenn wir in Gott menschliches
Denken hinein versetzen, aber auch dass es in gleicher Weise
Anthropomorphismus sei, wenn wir die Stellung Gottes zur
Welt und zu den Menschen, wie wir sie hinsichtlich der Endresultate und Wirkungen auf uns menschlich ausdrücken, nicht
anders denken können, als wenn sie auch in Gott auf menschliche
Weise entstehen und werden. Wer da meint, dass man sich
einen erhörenden Gott nicht denken dürfe, weil man sich dann
dieses Erhören in Gott, so wie das Erhören eines Menschen
vorstellen müsste, der macht sich des allergrössten Anthropomorphismus schuldig.

Im Unvermögen alle die weitverzweigten Verhältnisse und
weltenschaffenden Beziehungen, alle die unendlichen Factoren der
göttlichen, über alle menschliche Auffassung weit erhabenen
Existenz zu bestimmen, dürften wir immerhin die Wirkungen und
Endresultate dieser Verhältnisse in Bezug auf uns selbst — wenn
wir sie wissen - anthropomorphistisch ausdrücken. Sagen wir
ja auch „die Last drückt", „das Wasser rauscht" und denken
dabei nur auf uns, den Gedrückten und Hörenden, ohne dabei

entferntestens an die innere Bestimmung der Last oder des Wassers zu denken.

Ob deshalb jene Vorstellung von Gott, welche, ich will sagen im pietätsvollsten religiösen Leben gewöhnlich herrscht, oder jene Vorstellung, wie sie in materialistischer Weltanschauung von Gott gegeben wird, das Verhältniss Gottes zur Welt und zum Menschen näher und richtiger bezeichnet, ist mit dem einfachen Hinweise auf den Anthropomorphismus keineswegs entschieden, bleibt noch nach wie vor in Frage.

Druck von C. H. Schulze in Gräfenhainichen.